LA FRANCE

EN ALLEMAGNE.

PARIS, IMPRIMERIE DE POUSSIELGUE,
RUE DU CROISSANT, 12.

LA FRANCE
EN ALLEMAGNE.

Rome n'est plus dans Rome....

A PARIS,

AUX BUREAUX DU JOURNAL *LA FRANCE*,

RUE DES FILLES-SAINT-THOMAS, 1, PLACE DE LA BOURSE.

1838.

LA FRANCE

EN ALLEMAGNE.

Le 20 juin 1838, nous étions comme Louis XIV, nous avions passé le Rhin, et notre calèche de voyage, conduite par un postillon portant les couleurs de Bade, chamois et cramoisi, allait doucement sur un chemin de sable bordé de jardins cultivés avec soin; l'absence du trico-lore ne nous attristait pas, la cocarde de Bade semblait renfermée dans un large galon d'argent; l'un de nous, peu accoutumé aux courses rapides et lointaines, n'avait guère voyagé qu'*autour de sa chambre,* comme le très célèbre comte de Maistre, ses émotions semblaient pour ainsi dire natives; nous les reproduirons de préférence à cause de la nouveauté. Il ne connaissait l'Allemagne que sur la foi des écrivains français; puis les bulletins officiels que depuis 1830 il avait eu l'occasion de méditer prouvaient si intrépidement qu'hors de la France révolutionnaire il n'y avait point de salut pour les sciences, pour les lettres, pour les arts, pour l'agriculture, pour l'aisance et la liberté des peuples, aussi pour le confortable de la vie simple ou recherchée, et enfin et surtout pour la gloire, et en général pour la civilisation, que notre ami laissait éclater sa surprise à chaque relais qui avait en effet lieu dans de jolis villages, dont les habitations, d'une propreté élégante, se pressaient les unes à côté des autres, séparées par de jolies barrières peintes en blanc et vert; des toits formés de lattes arrondies aux extrémités et jouant l'ardoise couvrent les maisons. Une satisfaction tranquille imprimée sur les traits de tous les habitans, une abondance que nos paysans français prendraient certainement pour du luxe, des chevaux de labour forts, et ménagés, et pansés comme si le club des jockeis les préparait à quelques courses d'apparat, des villageoises fraîches de santé, des enfans robustes et gracieux, des paysages variés, des sites délicieux, un peuple dont les manières affectueuses ressemblent à la politesse, de l'obligeance dans les moindres détails; des croix semées sur les routes, et que défend seule la piété publique, des ma-

dones incrustées dans le creux des vieux chênes, ou paraissant stigma-
tiser de leurs saintes images le flanc des rocs les plus élevés; point de
pauvreté, encore moins de misère, et dès lors peu de mendians, un
air balsamique et pur, où l'on semble respirer l'ordre et l'amour de la
paix.... Tel est l'aperçu faiblement exprimé du tableau qui se déroule
aux regards, de Kell à Carlsruhe, de Stuttgard à Munich, de Munich
à Vienne et de Vienne dans toute l'Allemagne.

Notre pétulance française est gênée cependant au milieu du flegme
national des braves Allemands, et nous prodiguions aux stoïques postillons les menaces ou les séductions, mais nos *choin-choin* (c'est
de l'allemand travesti, qui signifierait *vite vite*) échouaient au
même degré que nos pour-boire; on enrayait à toute descente qui
nous paraissait devoir être franchie par le saut d'une puce, et nous ne
gravissions qu'au petit pas le moindre monticule, dont une fourmi
française ne se serait pas plus effrayée que du grain de sable qui ne
l'arrête point dans sa marche, et pourtant nous arrivions à l'heure
qu'avait indiquée notre impatience, et nous donnions sans y penser
toute raison à la fable du *Lièvre et la Tortue*, grande moralité de notre
bon La Fontaine! Et pendant que nous traitons à fond l'histoire des pos-
tes en Allemagne, il nous vient cette idée moins bizarre qu'elle n'en a
l'air, que si les Allemands ne consentent pas à ce que leur beau pays
soit traversé trop rapidement, c'est qu'ils sentent peut-être qu'ils ont
à gagner à ne pas être jugés à la course, il faut du temps pour exami-
ner, pour apprécier la sagesse de leur gouvernement, et les habitudes patriarcales de leurs mœurs soumises à la double souveraineté
du ciel et de la terre. Dieu et les empereurs !... C'est dans les contrées
envahies par la philosophie moderne et son scepticisme des autels
et du trône, qu'il est bon de passer vite, le bonheur des peuples à
tout à perdre en s'y arrêtant !

Si l'accident en voyage n'existait pas, il faudrait l'inventer; nous
n'aurons pas besoin de cette ressource commune aux narrateurs, notre
voiture s'est cassée en deux, sur la route de Kell à Carlsruhe, tout à
travers champs, et sur une route unie comme l'allée de l'un de nos plus
beaux parcs... Avec un postillon de France, nos chevaux lancés au
train de galop, eussent broyé notre malencontreux équipage. La gra-
vité allemande nous a préservés; nous n'avons pas versé. Loin des villes
sans possibilité de raccommoder notre calèche, il aurait fallu la confier
à la sûreté des grands chemins, et aller à pied chercher un asile et des
ouvriers réparateurs; de bons paysans allemands nous ont épargné la
fatigue et la crainte. Une charrette de village nous a servi de bateau
remorqueur, on y a atelé nos débris, et nous avons pu atteindre, assis
sur nos siéges ordinaires, la poste la plus voisine; la calèche déman-
telée a poursuivi, sans nous, sa course ralentie jusqu'à Carlsruhe, et
nous nous sommes déterminés à coucher chez le maître de poste, qui a

une espèce de hameau pour résidence. Eh bien ! voici l'esquisse d'une auberge du plus chétif village des états allemands.

Nous arrivons dans la cour du gîte hospitalier… Une femme bien vêtue, agréable de manières, vient au devant de nous ; elle demande si nous souhaitons ne pas nous arrêter chez elle. Alors elle nous offre une bonne chaise de poste, et à tous les relais il s'en trouve une semblable à la disposition des voyageurs.—Nous préférons passer la nuit pendant que notre calèche sera conduite au pas à Carlsruhe. Nous entrons ; on nous introduit dans un salon spacieux, des peintures à fresque le décorent, des rideaux blancs de la veille ou du matin cachent trois ou quatre fenêtres, deux sophas très bien faits, mollement rembourrés, invitent à se reposer. Des armoires à glaces, ressemblant à nos étagères, laissent voir des porcelaines, produit des manufactures allemandes. Une longue table est bientôt recouverte d'un linge damassé et cylindré. Des omelettes, des poulets de l'année, des salades, des poissons, du vin blanc, des verres de cristal de Bohême, de l'argenterie, du thé avec tous les accessoires convenus. En un quart d'heure tout cela nous fut servi ; deux chambres meublées, des lits à la française succédèrent au souper… Le lendemain, à l'heure précise, les chevaux de poste étaient attelés à la voiture de la maison… et cela se passait, nous le répétons, dans l'un des plus modestes villages du grand-duché de Bade.

Que sont les hôtels des grandes villes, nous le dirons bientôt.

Carlsruhe était une ville où nous espérions acheter une voiture plus solide que notre calèche amenée de France. Nous entrons à l'hôtel du *Cerf-d'Or*. A la porte, un keller semble là tout exprès pour nous attendre et nous recevoir. Un keller, c'est un Allemand jeune et bien appris, qui parle ordinairement le français, l'anglais et l'italien. Il approche, il s'empresse, il a l'air d'un ami qui vient à votre rencontre. Notre calèche était hors d'état de nous mener jusqu'à Vienne. Faire l'acquisition d'une voiture demandait du temps ; la sellerie de Carlsruhe jouit d'une assez grande réputation ; une autre calèche fut achetée avec échange contre les ruines de la nôtre ; et pendant que l'on discutait les conditions du marché, notre compagnon de voyage, peu expert sur le chapitre des incidens, événemens et inconvéniens de la route, se prélassait dans la visite des curiosités de Carlsruhe. Il admirait le château du grand-duc, noble et vaste demeure qui annonce la présence d'un souverain ; il y aurait là de quoi loger une douzaine de rois constitutionnels. Le duc de Bade remplit à lui seul cette magnifique habitation ; sans doute parce qu'il a fait du représentatif comme toute personne sage d'un roman nouveau , il l'a commencé par la fin ; un parc, des jardins environnent le château de Carlsruhe. Le public y est admis à toute heure ; pas un sergent de ville pour vous en disputer l'entrée, pas un grand-maître de cérémonies citoyennes pour vous imposer une tenue de rigueur ; vous seriez capable de traverser la cour d'honneur un paquet sous le bras, et l'on se promène dans les avenues en sabots comme en bottes vernies.

Nous avons fait plus tard la même remarque à Schœnbrunn, maison de plaisance de l'empereur d'Autriche. Sous les gouvernemens dits constitutionnels, on s'est vu obligé de décréter la liberté, l'égalité, la fraternité *ou la mort* ; dans les états absolutistes, on ne meurt pour rien de tout cela, mais on rencontre à chaque pas l'expression, l'exercice et le charme de tout ce qui peut en réalité rendre les peuples plus heureux.

C'est à Calsruhe que nous avons vu pour la première fois un temple protestant élevé avec luxe et décoré avec une intention de magnificence ; des colonnes ornent le péristyle de l'extérieur. Dans l'intérieur, la voûte est chargée d'ornemens peints et dorés : une draperie en velours cramoisi brodé d'or couvre la table qui remplace l'autel dans le culte de Luther. Un crucifix, doré aussi, et de grandeur naturelle, est suspendu aux parois de l'édifice. Le grand-duc a pour lui et sa famille une tribune dans le temple luthérien ; mais il ne persécute point la religion catholique ; mais les ministres du culte romain se promènent en soutane. Dans plusieurs villes, ils ne sont pas obligés de laisser croître leurs cheveux pour dissimuler la tonsure, qui caractériserait le costume ecclésiastique, et revêtus des insignes de l'apostolat et du catholicisme, ils ne courent pas le risque d'être insultés par l'impiété brutale. Le gouvernement protestant de Carlsruhe les protége en les honorant. Il est des chefs d'état nés dans le culte catholique, et qui ne font pas en faveur de leurs prêtres vénérables ce que le grand-duc de Bade n'hésite point à accorder au moindre de ses sujets, qui cependant, en matière de religion, ne professe pas la même foi et ne suit pas le même rit.

Nous avons traversé Stuttgard trop rapidement pour en pouvoir parler avec quelque détail. Le palais du roi de Wurtemberg était éclairé par les *premiers feux de l'aurore*, lorsque nous avons jeté les yeux sur cette majestueuse demeure. Elle est d'une belle et très vaste proportion ; les jardins sont plantés à la manière anglaise ; le public y est admis. Douze maisons de plaisance environnent Stuttgard : ce sont des Saint-Cloud, des Compiègne, des Fontainebleau en miniature. Le roi n'a que l'embarras du choix pour ses demeures d'été. En tout, être roi de Wurtemberg paraît la plus douce chose qui soit au monde en fait de souveraineté : ce sont les plus jolis petits états du globe, bien tenus, bien propres, bien rangés, bien administrés ; seulement la paix des principautés d'Allemagne était un peu monotone ; elle ressemblait au pâté d'anguilles dont on finit toujours par se lasser. Le roi de Wurtemberg, prédécesseur du souverain actuel, a imaginé, pour donner du piquant à son gouvernement, de l'assaisonner d'un peu de constitutionnel ; il y a une chambre des députés à Stuttgard. Nous l'avons cherchée, nous l'avons demandée : personne ne nous a dit précisément où elle était ; on nous a vaguement indiqué une aile du château ; notre curiosité n'en a point franchi le seuil ; et en cela nous ressemblions aux habitans de Stuttgard, qui paraissent légèrement préoccupés des douceurs sans pareilles du système représentatif. Cependant nous avons entendu un honnête hôtelier convenir que dans les momens bien rares et très courts où les députés wurtembergeois composent une *chambre*, il se vend beaucoup plus de bière dans Stuttgard que pendant les années ordinaires ; et comme vendre et boire de la bière est une très grande affaire dans toute l'Allemagne, nous ne serions pas étonnés que ce ne soit là l'établissement, l'exercice et le triomphe du suffrage universel.

Après le pays de Wurtemberg vient la Bavière, et nous étions impatiens d'en connaître la capitale. Le cor de nos postillons retentissait plus joyeusement que de coutume. Ici une note de voyageur est nécessaire, et la voici. En France on aime à faire claquer son fouet ; en Allemagne le son doux et harmonieux d'un petit cornet à piston fait tous les frais de vanité des artistes chargés de vous faire courir la poste ; un autre usage étonne en même temps la *furia francese* : s'il est un siége sur votre voiture, le postillon s'y installe ingénuement ; il prétend que cette résolution ménage le cheval porteur, tout en étant extrêmement commode pour l'homme qui conduit. En Allemagne un postillon que l'on fait trotter toute la nuit a d'ailleurs la prétention de dormir presque autant que l'intrépide voyageur étendu nonchalamment sur les coussins d'une calèche. On marche mal, ou du moins pas assez vite, ce qui retarde un peu le plaisir qui attend presque toujours les gens pressés d'arriver, celui de trouver, après une longue absence, leur femme très changée, leurs champs mal cultivés, leur caissier infidèle, un intendant fripon et d'oublieux amis.

Revenons à la Bavière. Que l'on ne dise plus : « *Il n'y a rien de nouveau sous le soleil ;* » il y a Munich. En entrant dans cette riante capitale, on pense à l'Italie : de charmantes *villa* forment l'avenue de Munich, des jardins dessinés avec goût servent de ceinture à la moitié de la cité. Là s'élève le palais du roi de Bavière. Il y a dans le *Mariage de Figaro* une grande dispute de diphtongue ; on s'agite beaucoup au milieu d'une scène importante pour savoir si, dans un contrat produit en justice, il y a *et*, ou bien s'il y a *ou* ; des ergoteurs de voyage, et il s'en rencontre à chaque pas, pourront s'écrier ici qu'il ne faut pas dire *le* palais, mais *les* palais du roi. En effet, il y en a deux, le vieux et le nouveau. C'est sans doute un sacrifice que le souverain habile qui gouverne Munich a bien voulu consentir pour flatter sans un danger réel la monomanie du siècle. Quoi qu'il en soit, les deux palais font *opposition*. Rien n'est magnifiquement ancien et gothique comme l'an-

tique demeure des électeurs, conservée avec le soin le plus scrupu-
leux : les lampas à grandes fleurs brochées, le damas frangé d'or, les
bois de fauteuils sculptés, les tapis de Turquie, les glaces de Venise, le
vieux lac, les girandoles de cristal taillé en facettes et en poires, les
dais de velours cramoisi surmontant le lit d'honneur, qu'une balustrade
sépare du reste de l'appartement ; des cabinets tout en miroirs, et sur
les bordures dorées de petites corniches en saillie, supportant les plus
bizarres, les plus curieuses chinoiseries. Il y en a à désespérer tous les
boudoirs de la Chaussée-d'Antin de notre frivole et ambitieux Paris.
Les plafonds sont d'une grande élévation ; des ornemens qui appar-
tiennent à l'art comme on le concevait au quinzième siècle couvrent
les voûtes et galonnent les portières ; partout enfin, dans le vieux palais, il règne une uniformité de richesses répandues avec une sérieuse
et grave majesté. C'est un type, c'est une tradition de la splendeur des
anciens jours.

On nous a raconté, en nous montrant les appartemens, une anecdote
qui n'est pas sans intérêt historique : nous regardions l'ancien lit des
électeurs et rois de Bavière ; le dais en est très élevé et très lourd ;
une légende populaire prétend que s'il se trouvait jamais un prince
usurpateur de la souveraineté du pays, qui osât se coucher dans ce lit,
le dais se détachant aussitôt, écraserait le félon téméraire ; vous pen-
sez bien, ajouta notre *cicerone* esprit fort, que lorsque Bonaparte oc-
cupa ce palais, et qu'il prit cette même chambre, et qu'on lui destina
ce lit prétendu merveilleux, il ne fit que rire de l'absurdité de la vieille
chronique ; seulement il se fit monter un lit de fer à côté de la couche des princes légitimes de Bavière ; à notre tour nous rîmes beaucoup de la naïveté de notre conteur et de la précaution de son héros.

C'est dans ce vieux palais que le roi Maximilien, qui fut long-temps
connu et aimé en France sous le nom du prince Max vit placer
une couronne royale sur son front déjà souverain comme électeur de
Bavière : la mémoire de l'excellent roi Maximilien est chère à tous les
cœurs bavarois : affable, familier, mais sans trivialité, sans bassesse,
humain, généreux, le prince Max est regardé comme le Henri IV de
la Bavière ; sa statue orne la grande place de Munich , elle est l'objet
de la vénération publique ; le roi a fait placer ce monument de piété
filiale sous les fenêtres de son château ; c'est avoir pris avec son peuple l'engagement solennel de se montrer toujours juste, toujours bon,
toujours clément et sage, et sous le règne actuel, le bronze n'a pas été
menteur ; pas même dans un autre quartier de la ville, où nous avons
été obligés de subir une très belle colonne que n'ont pas traduite en
odes, en dithyrambes exaltés les Bérangers de la Bavière, mais qui n'en
est pas moins formée de l'airain des canons pris sur l'armée française
dans un de ses rares accidens de défaite ; une inscription constate ce
fait : ainsi, l'*ex œre capto* de notre place Vendôme a des imitateurs, il

est certain que l'orgueil national est de tous les temps et de tous les pays, la Providence, pour l'avertir ou le tempérer, lui impose souvent la peine du talion, nous ne disons pas qu'elle réussisse.

Le palais neuf du roi de Bavière est construit et surtout orné en dehors de toutes les idées de l'art moderne : les péristyles, les escaliers, les appartemens, les galeries sortent de nos habitudes d'architecture, le style ne rappelle point la Renaissance, mais il n'a rien de commun avec la manière contournée dite Louis XV. Aucun souvenir du Louvre de Louis XIV ne paraît avoir présidé non plus à la construction du nouveau palais ; on ne pourrait pas davantage lui assigner positivement le dorique ou le corinthien ; cependant le style grec a certainement eu la préférence dans les plans adoptés par le goût éclairé du monarque ; serait-ce donc comme dans Athènes, où la langue d'Homère n'a pu conserver toute son harmonieuse pureté , et où cependant on parle grec ; Munich est devenue la petite Athènes de l'Allemagne ; eh bien ! c'est en grec *moderne* que bâtissent les architectes et que travaillent les peintres, les ornementalistes, les sculpteurs ! Cela n'empê he pas le palais neuf d'être un noble et agréable séjour, que l'on visite avec empressement, que l'on admire avec sincérité ; du reste, l'esprit national des Français est de ne rien trouver bien de ce qui se pratique ailleurs ou autrement qu'en France ; et c'est à Munich même, que de bons et braves gentilhommes émigrés, admis il y a quelque trente ans à la table de l'électeur de Bavière, et riant entre eux encore plus que de coutume, l'électeur leur demanda la cause de cette hilarité si expansive, il lui fut répondu : Monseigneur, c'est que nous faisions cette remar- que, qu'il n'y avait ici que votre Altesse d'*étranger*. Aussi l'un de nos compagnons de voyage, qui, ce jour-là n'était point d'humeur lau- dative, en regardant les innombrables peintures à fresque qui cou- vrent tous les murs intérieurs du palais, répétait à chaque appartement, décoré, il est vrai, de la même manière, ce qui n'est pas dans nos usages :

> Aimez-vous la muscade, on en a mis partout.

Il n'avait pas entièrement tort, on ne peut en disconvenir, il y a dans le palais neuf abus de peinture ; on donnerait beaucoup pour aper- cevoir quelques draperies de riches étoffes, quelques tentures de ta- pisseries brodées, ou quelques tableaux retracés sur la toile et pla- cés dans un cadre de cuivre ou d'or. Les yeux ne se reposent agréable- ment que dans la salle du trône : elle est entièrement construite en marbre blanc ou en stuc, qui l'imite à s'y méprendre ; et des ci- selures, des bas-reliefs, des candélabres dorés, couvrent ou décorent cette vaste enceinte, dont l'effet est merveilleux. Les bals et les fêtes de la cour ont lieu dans cette galerie ; les parquets en bois rares, pré- cieux, forment une espèce de mosaïque. Eh bien ! peinture, sculpture, menuiserie, construction, architecture, simple bâtisse, tout est conçu, exécuté, par des hommes du pays. Les velours de Lyon, les tapisseries de la Savonnerie et d'Aubusson, les tableaux des plus grands maîtres, les meubles de Lesage seraient dus à l'industrie étrangère. Le palais neuf est tout bavarois. Cette idée toute paternelle, toute royale, a dominé l'esprit du roi de Bavière, lorsqu'il a voulu élever pour lui et ses descendans une vaste et patriotique demeure. Honneur au souverain qui conçoit si bien les avantages, les priviléges, les ressources, les bienfaits de la véritable royauté.

Les travaux qui se continuent à la Bibliothèque ne nous ont pas permis d'en visiter le vaisseau, d'en parcourir les richesses. Le temps nous pressait, nous avons choisi; et forcés de passer sans voir le musée des statues, qui n'ouvre qu'à des jours et à des heures fixes, que nous ne pouvions attendre ni compter, nous avons donné la préférence au *musée* des tableaux. Dans cette expression il y a anachronisme, le musée de Munich porte un autre nom, un nom en *ès* ; tous les édifices publics jouissent aussi d'une terminaison grecque. Et notre caustique ami était prêt, sans cesse, á répéter à notre *cicerone* qui appelait les choses par leur nom :

Excusez-moi, Monsieur, je n'entends pas le grec.

Une petite auberge de Bavière, où l'on nous servit un peu plus tard du beurre et des œufs frais, nous expliqua mieux que de longs discours la prédilection du roi pour les formes, les usages et les souvenirs de la Grèce. Au-dessus de notre table, il se trouvait une gravure représentant le départ du prince Othon pour Athènes ; les adieux de sa royale famille étaient peints avec un grand naturel; nous eûmes alors quelque honte de notre critique, et nous reconnûmes avec attendrissement qu'être un bon père est une bien douce garantie pour les peuples, que l'on fera aussi un bon roi.

Nous ne devons pas oublier de parler du théâtre allemand : l'Opéra de Munich ressemble beaucoup au buste dont le renard de La Fontaine, et avant lui de Phèdre, s'écriait : *Belle apparence, mais rien au dedans.* Une colonnade précède l'entrée du théâtre, les voitures arrivent à couvert, et l'on descend de son équipage au milieu d'un vaste salon. En général les édifices en Allemagne sont construits de manière à offrir toutes les commodités possibles et désirables au public, et cela est d'un excellent esprit. La salle de spectacle est grande; il y a peu de loges louées: celle du roi est en face du théâtre , elle est très belle, blanc et or ; elle rappelle la salle du trône. Le roi de Bavière, quand il lui plaît de paraître à l'Opéra, y vient sans gardes. On l'accueille avec respect ; il se montre, il ne se retire pas à chaque entr'acte dans un salon particulier, il partage pendant la soirée entière les plaisirs du bon peuple bavarois, et jamais il ne reçoit que des marques de sympathie et d'affection. C'est une troupe allemande qui jouait lors de notre passage à Munich. Nous avons entendu la *Muette* pas trop mal chantée. Les décorations sont plus que mesquines et la mise en scène est fort négligée. Le roi avait, il y a quelques années, un Opéra italien, il coûtait trop cher. Si l'on chante un peu faux maintenant sur le théâtre de Munich, ce n'est point mauvaise volonté, c'est économie, et elle est facilement excusée : les embellissemens de la capitale ne font pas augmenter d'un florin le budget de l'état, et les travaux publics sont payés par ce que nous appellerions la liste civile. Ainsi le roi, en ayant une *prima donna* de moins, élève un édifice de plus; cent familles d'honnêtes ouvriers bavarois y gagnent une existence.

Dans le Musée que nous avons visité, le grandiose de l'édifice et des objets qu'il renferme est annoncé d'une manière symbolique. Le concierge, parlons mieux, le suisse qui vous ouvre les portes est un géant, et un fort beau géant encore, très bien proportionné, ne rappelant point la figure rébarbative de Goliath, mais sa taille, qui passe pour idéale. Le suisse de Bavière nous a paru approcher de sept pieds. Préparés ainsi à toutes les grandeurs, nous avons *passé* dans les nombreuses salles du Musée. Et là, comme au bas de chaque page écrite par Racine, il faut inscrire ces mots : *beau, parfait, admirable.* Un salon est entièrement consacré aux chefs-d'œuvre de Raphael. Une *Assomption* surpasse, à notre avis, toutes les créations d'artiste. Nous récitions tout bas devant l'angélique et divine figure de Marie les belles litanies de la sainte Vierge : *Mater alma, virgo carissima, mater amabilis...* et le Cantique des cantiques ne nous eût point paru, dès ce moment, une poésie soupçonnée d'exagération.

Tout un palais dédié au triomphe des arts! il y a là salons d'attente où l'on a rangé l'école vénitienne, des salons de réception où les ouvrages des Rubens, des Poussin sont installés, de petits appartemens ouverts à l'école flamande, espagnole, allemande... Une *Vie de Jésus-Christ* attire dans une pièce particulière l'attention et l'assentiment des plus difficiles amateurs.

Il est aussi quelque part deux têtes, portraits d'un homme et d'une femme d'un âge déjà avancé. On les doit à un peintre d'Allemagne. Il est mort jeune; il n'a eu le temps de produire que ces deux ouvrages. Les mots nous manquent pour exprimer la vérité de cette peinture : les chairs sont transparentes, les cheveux sont mêlés d'air, les regards poursuivent, c'est l'illusion surpassant pour ainsi dire la nature.

Nous traversions Munich le premier lundi de l'octave de la Fête-Dieu, les processions avaient parcouru la ville pendant la matinée du jeudi ; il n'y a pas en Bavière de concordat écrit avec la pointe de l'épée de Bonaparte, qui remette aux dimanches les grandes solennités de la religion catholique, on ne force pas Dieu *légalement* à se renfermer dans ses tabernacles, pour satisfaire aux exigences impies des hommes assez malheureux pour ne point croire en lui, et le jeudi de la Fête-Dieu est un jour de paix et de bonheur dans toute la Bavière. Les rues où doit passer le cortége sacré sont parquetées ; le saint Sacrement est porté sous des dômes de fleurs et de verdure. En arrivant à Munich, nous avions été remercier le ciel d'avoir permis que notre voyage ne fût troublé par aucun accident funeste. Nous avions choisi, *et pour cause*, l'église de Saint-Michel Archange, invoqué comme protecteur de notre patrie, afin de former une prière et renouveler un vœu. Les portes étaient fermées et nous fûmes conduits à la cathédrale de Munich. Le chœur et l'autel étaient parés de toutes leurs richesses, les étoffes les plus précieuses disputent avec l'argent et l'or de pieuse magnificence; un usage, ramené chaque année par la Fête-Dieu, nous frappa d'une vive émotion ; on plante dans la nef des églises de jeunes et beaux arbres que l'on vient d'enlever à la forêt ; ils sont encore pleins de sève, ile étalent l'émeraude de leur frais feuillage ; ces avenues nouvelles, qui conduisent à Dieu lui-même, charment les yeux et agrandissent une imagination chrétienne.

A l'entrée du chœur de la cathédrale de Munich, on nous a montré un tombeau : c'est celui d'un électeur de Bavière, qui a obtenu l'attachement de son peuple. Y a-t-il eu quelque fascination de notre part, mais nous avons trouvé de la ressemblance entre la noble figure de ce prince et celle, bien présente à notre mémoire, de Charles X. Le monument est d'airain. Quatre guerriers armés semblent les gardiens du tombeau. Et nous avons pensé qu'il manquait à la vie du roi que nous pleurons ce qui est accordé à la mort du prince de Bavière : des fidélités de bronze, qui sachent résister aux séductions, aux captations, aux promesses dorées, aux pensées ambitieuses, véritables outrages du temps.

Nous nous apercevons que nous avons été justes envers le roi de Bavière régnant, et dès-lors on va nous accuser de continuer des habitudes de courtisans ; nous convenons de notre faible pour les antiques souverainetés et pour les princes qui en émanent, mais afin de prouver notre impartialité, nous allons dénoncer aux nations un crime du roi de Bavière..... Figurez-vous que, malgré les écrits et pamphlets qui l'ont devancée, malgré la philosophie de Diderot, de d'Holbach, qui l'ont préparée, malgré l'anathème jeté à certaines congrégations, malgré l'Espagne, qui en a égorgé les membres, et la France qui les a chassés, il existe à Munich... une maison de jésuites... nous ne dirons pas simplement tolérée, mais protégée, honorée, florissante !... Voilà sans doute qui est bien abominable; aussi nous racontons, nous n'excusons pas.

Que l'on répète maintenant, après l'aveu que nous venons de faire, après l'avertissement que nous avons donné, que nous sommes des flatteurs de toutes les royautés !...

Ratisbonne appartient au royaume de Bavière. Cette ville est recommandée à la curiosité des voyageurs. Nous nous y sommes arrêtés, et nous n'avons pas eu à nous repentir de cette station volontaire. Ratisbonne a été fertile en incidens historiques ; nous n'en ferons pas mention : ce n'est pas un voyage scientifique que nous avons entrepris. Ce qui existe *maintenant* nous a davantage occupé que ce qui s'est passé *jadis*, et à moins que les jours écoulés ne nous paraissent devoir être évoqués au profit des heures qui vont naître, nous ne les explorerons pas dans l'intérêt de notre narration.

Les faubourgs de Ratisbonne fument encore des guerres de Bonaparte. Il y a pris plaisir de conquérant : il a brûlé la moitié de la ville. On ne lui en garde pas rancune. Les Allemands sont de très bonne composition avec la mémoire de Bonaparte ; il les a éblouis long-temps de ses victoires, et leurs yeux fatigués ne sont pas encore remis dans leur état naturel. C'est d'ailleurs un pays belliqueux que celui de Ratisbonne ; nous en avons eu la plus persuasive démonstration. Nous avions été à l'église : c'était un dimanche ; la messe militaire ayant succédé à celle que nous avions entendue, nous étions à nos fenêtres, attirés par un bruit, un mouvement assez extraordinaires : la petite garnison de Ratisbonne défilait devant notre hôtel, situé près de la vieille chapelle. On marchait musique en tête. Une population très nombreuse, les hommes en avant et les femmes formant une espèce d'arrière-garde, suivait le détachement au pas accéléré, marquant fortement la mesure.

La ville presque entière, s'identifiait ainsi avec les soldats du roi, les accompagnant librement , joyeusement, dans l'hommage qu'ils venaient de rendre au Dieu de leurs pères, on se sentait à l'instant cette pensée, que si ce Dieu et le souverain légitime qui est son image ici-bas inspiraient ou dictaient un ordre de défense et de salut , ils seraient fidèlement et unanimement obéis : et puisque nous avons commencé de parler de la vieille chapelle de Ratisbonne, nous allons en poursuivre la description; on est émerveillé en y entrant de la grandeur bien proportionnée, et de l'élégance et de la richesse des ornemens de cet édifice : aucun portail apparent ne l'annonce , c'est une église de second ou de troisième ordre, Ratisbonne n'étant renommée que par sa cathédrale que l'on répare en ce moment, et dont les voûtes hardies et antiques ne retentissent plus du chant sacré, des pieuses cérémonies de la religion catholique, apostolique et romaine. Notre-Dame-de-Lorette avec ses fresques étincelantes, la Madeleine que l'on vient d'entr'ouvrir à Paris, avec ses plafonds, dont les riches corniches annoncent plutôt une salle de spectacle qu'un temple chrétien, n'offrent aux regards, plus surpris que charmés, rien qui approche de

l'impression qu'on éprouve en entrant dans la vieille chapelle de Ratisbonne. L'église dément sa dénomination; c'est une chapelle, et cependant elle est plus vaste que la plupart de nos paroisses de la capitale,
ne fût-ce que Sainte-Valère et même Saint-Thomas-d'Aquin. Trois
nefs conduisent à la croix grecque qui précède le chœur, et sous des
nuages dorés, et au milieu de colonnes et de statues distribuées avec
art, nous aperçûmes un autel d'une rare magnificence. L'orgue accompagnait de ses sons graves et mélancoliques les voix pures de la
population chrétienne, agenouillée, prosternée, recueillie; on ne se
doute pas de la puissance de la musique naturelle lorsque l'on n'a pas
entendu chanter les Allemands dans leurs églises; des flots d'en-
cens obscurcissaient la lumière des lampes et du jour, lorsque
nous avions pris place près du chœur; en se dissipant, ils nous lais-
sèrent livrés à une vision dont le souvenir présent à nos cœurs
nous émeut encore. Le tableau du grand autel représente la Vierge
Marie tenant l'Enfant-Jésus, mais non pas cette fois dans l'attitude
d'une humble modestie que constamment ont préférée les peintres les
plus célèbres. Ici Marie est représentée dans le moment où la poésie
elle-même l'appelle *Regina cœli*. Sa tête est noblement rejetée en ar-
rière; elle ne demande pas, elle commande des hommages pour son
fils qui va sauver le monde; elle semble fière de le montrer aux nations qui sont représentées dans l'enceinte du chœur par quatre belles
figures allégoriques, au bas desquelles, pour les reconnaître, il est in-
utile de placer cette inscription diverse : l'Europe, l'Asie, l'Afrique et
l'Amérique. Et que l'on ne nous soupçonne pas d'arranger nos idées,
notre voyage terminé, pour y jeter l'inaccoutumé, le merveilleux
après-coup et tout à fait d'invention. Nous avons trouvé, et il *existe*
une ressemblance inouïe entre la suave et noble composition de la
Vierge de Ratisbonne, et les traits si justement vantés d'un autre Marie, abreuvée aussi de bien cruelles douleurs, Marie-Antoinette,
reine de France, dont les malheurs surpassèrent à la fois les vertus
et la beauté.

L'un de nous put se rappeler cette auguste reine présentant, du haut
d'un balcon du château de Versailles, à une irruption de révoltés, le
prince enfant désigné par la mystérieuse providence à remplir la triste
condition d'être Louis XVII.... Marie-Antoinette, apaisant ainsi pour
un instant, par la majesté de sa résolution, les cris et les horribles
desseins d'une populace ameutée, et paraissant dire du regard que
toujours elle était fière de ses enfans, et même encore de son peuple
que des méchans avaient égarés.

Nous le répétons, la ressemblance entre les deux Maries est frap-
pante. A Dieu ne plaise cependant que nous mêlions jamais le sacré et le profane; il n'y a point de royauté de la terre comparable à
celle que Dieu a réservée pour la reine du ciel ; mais ce n'est pas la

première fois que le nom de la compagne de Louis XVI a été uni, pour ainsi dire, au nom sacré de Marie. Il a existé une médaille, chef-d'œuvre de piété et d'art; d'un côté la sainte image de la Vierge était représentée, pour exergue on avait écrit *Ave Maria*; puis sur l'autre face on voyait Marie-Antoinette avec cette inscription *gratiâ plena*. Les âmes les plus religieuses avaient applaudi à ce rapprochement.

Il est question, dans les vieux manuscrits, de saintes récluses, qui obtenaient de l'autorité ecclésiastique la permission de se retirer dans de petites logettes tenant aux parois même des vastes basiliques. On murait la porte par laquelle elles devaient entrer pour ne plus la repasser vivantes. Il y a quelques tribunes dans le chœur de la vieille chapelle de Ratisbonne que l'on pourrait croire avoir été destinées autrefois à l'usage que nous venons de citer. En les regardant plus attentivement, on s'aperçoit que ce sont des tribunes réservées à quelques grandes familles royales ou princières, qui s'y placent pour assister à l'office divin. Ces tribunes font saillie, mais leur coupe dans la vieille chapelle s'accorde si bien avec le système architectoral que les détruire gâterait la perfection de l'ensemble.

C'est à la vieille chapelle de Ratisbonne que nous avons remarqué pour la première fois les corps entiers des saints les plus ardemment invoqués en Allemagne, enfermés dans des reliquaires de matière précieuse, et qui restent continuellement exposés pour l'édification des fidèles. Ces corps béatifiés sont réduits à l'état de squelettes, mais une ingénieuse piété en a dissimulé l'horreur; chacun des ossemens est revêtu de la partie des vêtemens qui lui a été propre. Est-ce un guerrier? la poitrine est couverte d'une cuirasse en bandelettes d'or, enrichie de pierres fines, une cotte de mailles serre les reins, des bagues d'un grand prix sont attachées aux doigts desséchés que l'on a recouverts d'un gant, d'une gaze ou d'une mousseline assez transparente pour laisser apercevoir la forme de la main, telle que la mort la conserve. La tête offre un spectacle plus extraordinaire que celui du corps; la même gaze que celle placée sur les mains couvre cette tête morte il y a des siècles; dans la cavité où les yeux s'animaient, on a incrusté un énorme rubis, dont la rondeur est entourée de perles fines ou de petits brillans; les sourcils sont imités aussi avec de petites perles, et cette espèce d'abîme humain qui sur les têtes de mort succède aux dents, aux lèvres, au menton et au cou, est caché avec soin par une façon de brochette en turquoises, en topases, et quelquefois en diamans. Des trésors sont prodigués dans plusieurs villes d'Allemagne, entr'autres à St-Pierre de Vienne, pour enrichir les ossemens des saints du pays. Il semble, en priant devant ces débris si bien ornés, qu'ils redisent aux âmes ferventes cette haute vérité : que tout est périssable parmi nous, même la vertu des saints, puisque elle se sépare des corps pour monter au ciel, et qu'il ne survit à nous-

mêmes que l'améthyste, le saphir ou l'émeraude, dont on nous recouvre et dont l'éclat aveugle, et l'or qui tente et corrompt.

L'Hôtel-de-Ville de Ratisbonne remonte aux premiers siècles de
l'Empire. Ce n'est, pour nos mœurs civilisées, qu'un assez mesquin bâ-
timent noir, étroit, dont il nous serait difficile de faire usage. L'escalier est en pierre grossière, à peine a-t-on monté quelques marches
que l'on est arrêté par une porte basse, au-dessus de laquelle deux figures attirent l'attention; ce sont un soldat et un bourgeois de la ville : le
premier brandit une lance dont il est censé se servir pour repousser d'autres hommes d'armes, le second tient en ses mains un large pavé qu'il
s'apprête à lancer sur eux. On devrait envoyer la croix de juillet à
l'homme au pavé de Ratisbonne. Une très vaste salle a servi aux as-
semblées que l'on nommait la diète de Ratisbonne; on montre un
siége à bras où les empereurs s'asseyaient, il est recouvert de cuir qui
fut doré; l'antiquité de ce meuble très rare assurément est si reculée,
que le fauteuil de notre roi Dagobert est une nouveauté en comparai-
son. Des bannières de l'Empire et de la Bavière sont conservées dans
le garde-meuble de l'Hôtel-de-Ville de Ratisbonne; on les déploie lors
de l'entrée du souverain du pays; on n'en a changé ni les couleurs, ni
l'écusson ; les habits qui couvrent les habitans chargés dans ces solennités de représenter la ville de Ratisbonne d'abord, puis les dames, les
chevaliers, et les écuyers, et les pages, et les varlets du cortége,
datent de loin ; ils ne nous ont point paru trop fanés ni trop en
désaccord avec les modes que nous attribuons aux époques reculées.
On nous a proposé de descendre dans un cachot souterrain, où l'on
donnait autrefois la question extraordinaire, déjà les torches étaient
allumées, nous n'avons pas poussé le désir de beaucoup voir jusqu'à
nous enfermer dans une effrayante enceinte, où les cris des malheu-
reuses victimes d'un usage barbare nous auraient semblé ne pas avoir
eu le temps encore de s'apaiser entièrement ; mais nous avons rete-
nu une action, toute royale, toute clémente, toute généreuse d'un empereur, c'était le fils de la grande Marie-Thérèse, le frère de l'infortunée
Marie-Antoinette, l'oncle de la fille auguste de Louis XVI. Le roi juste et humain avait aboli en France les tortures. L'empereur, à peu
près dans le même temps, détruisait le supplice de la question. C'était
une grande affaire que de renverser ainsi la loi pénale d'un empire.

Un seigneur de la cour était renommé par son tendre et absolu dévouement à l'empereur; il est accusé de trahison envers le souverain ;
les témoins sont entendus; l'illustre accusé nie avec indignation l'énor-
mité du crime qu'on lui impute. Il est mis à la question. Vaincu par
la douleur, il avoue tout ce qu'on lui a attribué. Il entre dans les
détails les plus circonstanciés : il a conspiré contre la vie de son maître
et a convoité sa couronne. Il se déclare criminel de lèze-majesté au
premier chef.

Eh bien! messieurs, s'écrie l'empereur, vous avez entendu des aveux bien précis, bien positifs, bien suffisans; l'homme que j'ai comblé de mes faveurs, honoré de mon amitié, et qui me trahit, mérite la mort, n'est-il pas vrai?

Les juges sont unanimes.

Non, ajoute, l'empereur, il mérite toute mon estime, toutes mes bontés, toute ma royale tendresse ; il est innocent ; il n'y a pas eu de complot, tout a été imaginé par moi. J'ai payé des témoins ; j'ai fait subir une horrible torture au plus fidèle de mes sujets, pour vous convaincre tous du danger, de l'injustice, de l'inutilité de la question. De ce moment, elle est abolie, et mon bon et féal serviteur me pardonnera d'avoir assez compté sur son dévouement pour lui infliger une salutaire épreuve, sans qu'il s'en irrite contre moi. Il aura été la dernière victime d'un usage barbare. Par sa mort, le Christ a sauvé le monde, par les souffrances de la torture, l'accusé que j'absous et que je disculpe aura sauvé l'humanité.

Ce prince, nous le répétons, était le frère de la reine Marie-Antoinette; ainsi, du côté de son illustre mère, l'auguste fille de Louis XVI appartient à la famille d'un monarque qui a dans tous ses états aboli la question. Et Louis XVI en a défendu l'usage dans toute l'étendue judiciaire de la France. Quel certificat d'origine est plus digne, dans l'histoire, du respect des peuples !

Nous avons couché à Lintz; l'un de nous a désiré assister à la représentation d'un drame allemand; il a eu la politesse d'écouter jusqu'à la fin, quoique ne sachant pas un mot de la langue du pays ; mais il a pensé qu'il avait assisté, en France, à la représentation d'une infinité de nouveautés émanées de l'école dite *romantique*, et qu'il n'avait pas à se reprocher d'y avoir jamais compris quelque chose; qu'il était donc convenable de faire pour l'Allemagne ce que tous les soirs il faisait à Paris pour le spectacle français. Nous logions à Lintz dans le même hôtel qu'avait occupé le bon Roi Charles X lorsqu'il traversa cette ville en allant de Prague à Goritz. Nous avons demandé à visiter la chambre où avait couché ce monarque digne de tant de regrets; nous y sommes entrés avec un recueillement religieux; c'est avec vénération que nous avons touché le lit où il s'était reposé des fatigues d'un long voyage qui devait; hélas! se terminer pour lui par la mort sur la terre étrangère, et nous avons posé avec vénération et souvenir nos lèvres sur le registre des voyageurs, que l'on a bien voulu nous ouvrir, et qui portait le nom sous lequel Charles X cachait la noble et majestueuse royauté du malheur...; le comte de Ponthieu...

Nous n'avons fait que traverser Augsbourg. Nous avions vu déjà d'importantes cités; celle-ci nous a plus étonné que toutes les autres : les façades des maisons sont couvertes de peintures à fresque; les sujets sont puisés dans l'Ecriture-Sainte, ou bien ils représentent des images de la Vierge, des Apôtres, des Pères de l'Eglise, des Martyrs dont s'illustre l'Allemagne. On y voit des calvaires, des résurrections, des transfigurations. On croirait, en tout temps, dans les rues d'Augsbourg, qu'une procession va passer, et que les habitans ont orné l'extérieur des habitations de leurs plus belles et plus rares tentures. Cela donne un air de fête à la ville d'Augsbourg. Le protestantisme, que la prétendue réforme a rendu iconoclaste, est de meilleure composition à Ausbourg qu'à Paris ou dans le midi de la France; il ne s'offense pas, ou du moins le gouvernement ne lui accorde pas la liberté de se plaindre du libre exercice du culte catholique, qui a du moins sur tous les autres l'avantage de l'ancienneté et de l'unité...

Dans notre voyage, les postillons nous ont en général servi de boussole ou de carte géographique, dont nous n'avions pas eu soin de nous munir. Lorsque nous avons pris garde à leur veste écarlate, à revers noirs, et galonnée d'argent, et au chapeau tricorne, garni de point d'Espagne, nous avons facilement reconnu que nous approchions de Vienne. Nous y sommes entrés par l'avenue qui conduit à Schœnbrunn, palais d'été des empereurs.

On nous avait indiqué l'hôtel de l'Archiduc Charles comme étant l'un des plus confortables de la ville des Césars. Il n'y avait point d'appartemens disponibles, et nous sommes descendus à l'Impératrice d'Autriche; on ne perd point à cet échange. On nous a servi avec une rare exactitude. La cuisine est allemande, mais nous avons fini par nous en arranger. On est un peu surpris, les premiers jours, de voir apporter sur la table de la gelée de groseilles pour sauce piquante d'un quartier de chevreuil rôti, et une compote d'abricots, de prunes, de pêches et de cerises, comme assaisonnement de poulets frits ou de filets de bœuf; la salade, et jusqu'à la moutarde, sont sucrés. Les gelées, les glaces, les pâtisseries, sont excellentes et très variées. Nous n'avons été infidèles ni au Chambertin ni au Sillery, et tous deux étaient aussi délicats qu'en Bourgogne et à Epernay; mais nous ne nous sommes pas refusé la joie gastronomique de savourer en même temps le Johannisberg dans le cristal de Bohême, et d'en vider une coupe dorée que l'on avait remplie d'un rare et généreux Tokay. On couche, si l'on veut, dans des lits à la française, à l'hôtel de l'Impératrice. Le coucher allemand se compose de deux lits de plumes engaînés dans des toiles blanches. On se glisse entre ces deux étouffoirs. Il est impossible de concevoir qu'il soit possible de fermer l'œil dans ces espèces de fours artificiels, où l'on court risque de se réveiller cuit au bain-marie, tant la transpiration y doit être abondante. Au reste, les lits allemands rassurent l'inquiétude des esprits relativement à l'avenir de l'empire : un peuple qui n'est séparé de la frontière de France que par cent cinquante lieues à peu près, un pays où les émigrés français d'abord, puis ensuite les armées de Bonaparte ont introduit ou du moins ont révélé nos usages commodes et faciles, mais qui persévère à se coucher sans draps et dans l'ignorance des couvertures, est inaccessible, nous le croyons et nous l'espérons, à toute propagande révolutionnaire, qui nécessairement paraîtrait une nouveauté. L'Allemagne est donc mal couchée ; mais elle est bien administrée, ce qui est beaucoup plus important.

Tout est bon à voir dans Vienne, à commencer par les capucins. On leur a confié la garde de la dépouille mortelle des empereurs. Le couvent des révérends pères est simple ; il a même conservé les apparences de la pauvreté, qui est un des vœux de l'ordre. En revoyant la robe de bure, serrée par une corde, la barbe longue, la tête rasée, les pieds nus et garottés dans une sandale, on remonte les âges, on oublie un moment que les bons capucins de France ont été chassés de leurs cloîtres et dépossédés de leur misère. On peut imaginer qu'il n'y a pas eu de révolution contre les moines studieux, contre les prêtres en général ; c'est sans doute un mauvais rêve que l'on a fait ; cette idée s'empare pendant quelques minutes des esprits, et l'on se tâte pour sentir si l'on est bien réveillé, en voyant devant soi des capucins que la multitude recherche et honore.

Les caveaux du couvent des Révérends-Pères sont la dernière demeure des empereurs d'Allemagne et d'Autriche. Ces galeries de la mort n'ont point un aspect trop lugubre ; les caveaux ne sont pas entièrement privés de la lumière du jour, l'air y circule ; des mausolées de différens métaux sont élevés sur les cercueils de la grande Marie-Thérèse, de l'empereur Joseph, du bon empereur François ; de simples bières d'airain enferment des restes d'archiducs. Nous n'avons point approché sans émotion du bronze qui recouvre le jeune prince, fils de Marie-Louise ; il naquit en France ; on lui avait prédit du hautes destinées, le ciel s'est contenté de lui en accorder de paisibles ; mais elles ont peu duré. Le duc de Reischtadt a cessé, à vingt ans, d'être un espoir pour un parti d'usurpation. La Providence, dans ses décrets, n'est pas toujours impénétrable, et ici on peut expliquer ou interpréter le but de son action. Le cénotaphe de l'empereur Joseph est d'une dimension gigantesque ; il remplit un caveau entier, et il est en argent, depuis sa base jusqu'à son sommet. Les cendres des souverains de l'Allemagne n'ont pas été livrées aux vents révolutionnaires ; la cupidité n'est pas venue inventorier les richesses de la mort ; l'impiété n'a point outragé de nobles restes, et les pas d'une populace ivre de démence n'ont jamais troublé, dans le couvent des capucins de Vienne, le royal silence des tombeaux !... Nous étions loin de l'Abbaye de St-Denis !...

On a souvent élevé une voix philosophique contre la superstition des peuples ; il est plus nécessaire au bonheur de l'humanité de s'élever contre l'indifférence ou le scepticisme, qui rouillent les cœurs ; c'est donc sans un trop superbe dédain que nous avons examiné *l'arbre de fer*, que l'on montre aux étrangers, et qui est conservé dans l'une des rues principales de Vienne. Tous les forgerons qui ont traversé pendant des siècles la capitale de l'Autriche ont exercé un droit assez bizarre dont ils s'étaient arrogé le privilège. Chacun d'eux plantait un clou dans l'arbre antique; aussi n'y reste-t-il pas maintenant la place d'introduire une pointe de Paris. Cet arbre extraordinaire est scellé à la muraille par le moyen d'un cadenas que l'on prétend tout bonnement être l'ouvrage du démon. Il est de notoriété publique qu'aucun serrurier n'a pu deviner le secret du cadenas que personne ne peut ouvrir. Nous connaissons des célébrités d'avarice qui achèteraient au poids de l'or ce bijou d'Allemague, il en est d'autres aussi que nous pourrions citer, et qui peuvent épargner la dépense que nous indiquons : leur coffre-fort ou leur cassette sont si hermétiquement fermés aux bonnes actions, qu'il n'en sort jamais rien d'utile au malheur, de secourable aux arts, ou de récompense pour la vertu....... C'est la parcimonie qui est le vrai cadenas du diable; l'arbre de fer de Vienne ne nous a donc paru qu'une simple allégorie.

De tous les monumens gothiques que nous avons visités, il n'en est pas d'une plus merveilleuse construction que la cathédrale de Vienne, dédiée à saint Etienne; le temps en a noirci les dentelures, ses réseaux délicatement sculptés ont pris la couleur sombre qui sied si bien aux édifices anciens, la voûte se perd dans son élévation, le maître-autel, tout en argent, se détache du fonds rembruni, avec un éclat qui ravit, mais ce qui attache le souvenir à la cathédrale de Vienne, c'est la vive piété des Viennois; à toutes les heures du jour, Saint-Etienne est rempli de fidèles, on est attiré par leurs chants religieux, des femmes accourent exprès du fond de la Bohême ou de l'extrémité de la Hongrie pour réciter à haute voix des litanies devant les nombreuses chapelles de Saint-Etienne. Nous avons assisté aux offices divins, à Vienne : l'*Ite missa est* ne renvoie personne, on reste long-temps après pour prier; le clergé est rentré dans la sacristie, le livre des évangiles est fermé, les cierges sont éteints, que la ferveur brûle encore les âmes chrétiennes. La foule se presse pour entrer, jamais elle ne se retrouve pour sortir. Au salut de Saint-Etienne il n'y a pas besoin de chantres pour guider le peuple, les bons Allemands officient eux-mêmes; tous les assistans savent les paroles que l'on doit prononcer. Nous avons donné toute une attention de sympathie à un brave Viennois aveugle et tenant un chapelet; il se reposait de ses nombreuses *dizaines*, en chantant mélodieusement quelques versets des psaumes, quelques strophes de l'hymne du soir; sa figure semblait rayonner d'espérance, sa tête, au défaut de ses yeux, se portait vers le ciel; il était animé d'une foi expansive, la sérénité s'arrêtait sur son front, il souriait à quelque chose le pauvre aveugle; à force de croire... il voyait.

Les économistes, qui ont ruiné tant d'états, ont par leurs écrits et leur exaltation politique prêché une croisade contre la propriété territoriale; avant d'en venir à leur cri de prédilection *Guerre aux châteaux*, ils ont jeté l'erreur dans l'entendement des grands propriétaires eux-mêmes; il a été de bon esprit et de bon goût de combattre avec philantropie les substitutions, ensuite les majorats; lorsque les intelligences ont été assez subornées, on en est venu aux révolutions; celles-ci ont aboli les terres seigneuriales, puis elles ont fermé les couvens, très considérables possesseurs, puis elles ont créé une émigration, puis des confiscations, elles ont enfin tant et si bien travaillé, que la division du sol est promptement arrivée; il n'y a plus d'aînés, grâce à l'insurrection des cadets, ce qui fait que dans les familles tout le monde n'a rien. Aussi aux vastes hôtels d'autrefois nous voyons succéder des boutiques, aujourd'hui à l'ancien hôtel des affaires étrangères de Paris on a établi des magasins de comestibles, où l'on vend de l'huile d'olive et des calissons d'Aix à juste prix; le quai Voltaire est livré aux marchands de bric-à-brac, la rue Vivienne est un bazar, et le Palais-Royal a remplacé la foire Saint-Laurent. Frappez à la petite porte au marteau bien ciselé de l'élégante habitation qu'un heureux joueur de bourse vient de se construire; si on vous ouvre, ce qui n'est pas certain, par un petit escalier vous allez parvenir à de petits appartemens, vous vous assoierez sur de petits divans, on vous offrira un petit dîner, du petit vin dans de petits verres, de petits mets dans de petits plats; vous aurez une petite tasse de café, une petite glace sur une petite soucoupe. Pour luxe dans les arts des litochromies couvrent des murs sans élevation, et les statuettes de Dantan ornent de mesquines étagères... Et remarquez le bien, c'est un des princes de la fortune moderne qui réunit pour vous plaire tous les petits agrémens ci-dessus.

A Vienne, il y a encore une noblesse territoriale; en cherchant bien, on apprendrait peut-être qu'il se trouve des vassaux quelque part. Le commerce honorable est sans nul doute honoré, mais il n'étale pas avec un luxe extraordinaire les pipes en écume de mer qu'il débite, et le tabac turc qu'il fait passer en contrebande. La ville de Vienne fait naître cette idée, très aristocratique, que pour la construire on a emprunté à la ville de Paris son Marais, son faubourg St-Honoré, et son faubourg St-Germain pour en élever une capitale; de somptueux équipages sillonnent les rues, des livrées bien galonnées, bien *chamarrées*, comme le dirait le marquis de Moncade de *Dalinval*, sortent des pavés (ceux de juillet n'ont pas cours en Allemagne); il y a des Suisses aux portes cochères, de nombreux domestiques dans les anti-chambres, certaines familles très-nobles, très anciennes possèdent de très grands priviléges de naissance, en y comprenant la plus importante de toutes, la richesse héréditaire, imprescriptible et inaliénable. Voilà un pays bien malheureux, voila un peuple bien abâtardi, bien rétrograde par le fait, le signe de la servitude est sans doute imprimé sur tous les fronts.

il y a malaise universel, souffrance et humiliation presque générales.
Quant aux arts, qui les encouragera? de grands seigneurs fiers et
égoïstes...... l'art est perdu....... Nous avons apparemment parcouru Vienne dans des jours d'exception, puisque les Allemands, que nous avons bien examinés, au Prater, aux théâtres, aux estaminets, et sur les places publiques, sont frais et dispos,
une gaieté douce et naturelle réjouit leurs traits, et le caractère distinc-
tif des habitans de Vienne nous a paru une mutuelle bienveillance.
Aux douanes, on vous visite avec égards; à la police, on vous accueille
avec des habitudes de bonne compagnie; dans les édifices publics,
vous êtes conduits avec une extrème complaisance...... Malgré qu'il y
ait des riches que l'on n'insulte pas, et que l'on n'a pas dépouillés, il
n'y a point de pauvres; Vienne ne renferme *pas de mendians*.

Mais qu'est-ce que ce palais immense que l'on découvre dans un
des plus jolis quartiers de la ville?... peut-on le voir?... est-il ouvert
quelquefois, ainsi que ses beaux et gracieux jardins ? C'est un palais
des princes de Lichtenstein; ils ne l'habitent jamais, on ne trouverait
pas dans ses trois étages un lit pour se reposer une seule nuit. La gril-
le est ouverte, les jardins se remplissent de promeneurs, la jouissance
de ce lieu remarquable appartient au public, qui en use suivant son bon
plaisir. Un Suisse ouvre la portière de votre voiture, un *cicerone*, logé
et entretenu aux frais du prince, vous offre son érudition, et nous
mettons quatre heures à parcourir des galeries, des salons infinis; depuis la voûte jusqu'au marbre qui couvre les planchers, les murs sont
tapissés de tableaux des plus grands maîtres. Nous avons compté
trente-six Rubens!!! Dix générations et autant de millions ont été indispensables pour acquérir seulement une partie de ces précieuses richesses. Le prince de Lichtenstein n'en a point gardé pour lui et pour
les siens la fastueuse jouissance. Son palais est consacré aux arts; on y
admet sans exception et avec distinction ceux qui les aiment et ceux
qui les cultivent.

Le prince d'Estherazy partage, avec la maison de Lichtenstein, les
mêmes goûts, les mêmes soins, les mêmes habitudes, et possède aussi
un musée accessible à qui souhaite le visiter.

L'humanité, comme les beaux-arts, comme l'industrie, comme la
gloire, ont ils à gagner tous ensemble au maintien des anciennes et
sages lois et des salutaires usages qui ont long-temps gouverné le
monde? Nous sommes du nombre des bonnes gens qui répondent
Oui... à cette question-là.

L'arsenal de Vienne ne peut être oublié par les voyageurs. Notre
curiosité lui a payé son tribut. Nous y avons vu une artillerie assez
nombreuse pour faire la conquête du monde, pour peu qu'il s'y vou-
lût prêter : il y a de quoi foudroyer les Turcs, s'ils s'avisaient, comme
autrefois, de venir camper aux portes de Vienne; maintenant un mo-

derne et envahisseur Charles XII serait repoussé du haut des rem-
parts de la capitale d'Autriche; Gengis-Khan ne parviendrait pas à les
franchir, et les insurrections de propagande et de fanatisme libéral ne
tiendraient pas vingt-quatre heures devant les canons, les obus et les
mousquets de l'arsenal de Vienne; aussi nous ne conseillerions pas à
un juillet européen de jamais s'y exposer. Il y a dans l'arsenal presque autant de drapeaux conquis que Bonaparte en avait déposé aux
Invalides : on en a pris sur la Prusse, on en a enlevé aux Suisses, on
en garde d'abandonnés par les sultans : toutes ces bannières sont per-
cées de balles ou hachées par le sabre, ou usées par le temps. On se
plaît à l'examen de ces vieux signes d'antique gloire ; mais les yeux
sont frappés en même temps, et les imaginations tant soit peu égayées
à l'aspect du plus frais, du plus joli drapeau tricolore qui ait pu exis-
ter; il a si peu servi, qu'il paraît absolument neuf; il a eu l'honneur
d'appartenir à la garde nationale de la banlieue de quelqu'une de nos
grandes villes. C'est en 1815 qu'il paraît avoir succombé. Un bon et
brave maire de quelque part se sera sans nul doute empressé de le
rendre par économie, et dans la crainte de le faire trouer.

Une idée peu ordinaire a présidé à l'arrangement des armes, fusils
et pistolets de l'arsenal de Vienne : ils sont disposés de manière à former des portiques, des ornemens de fastueuses galeries et des galeries
elles-mêmes; des instrumens de mort violente et rapide forment de
délicates guirlandes : un mortier est disposé en meuble de boudoir ; et
cela nous a fait penser aux Catacombes, où les os de nos pères étaient
symétriquement disposés de manière à figurer aussi des tentures, des
plafonds et jusqu'à des autels. A Vienne comme à Paris, en cette circonstance, la cause et les effets produisent la même sensation : celle
d'un effroi dont on a peine à se rendre maître.

Le Prater est la promenade de toute la ville de Vienne; c'est un
parc de quatre à six lieues de tour; toutes les différentes classes
de la société en jouissent sans se confondre; là, il n'est pas de froids
municipaux pour permettre aux équipages somptueux des personna-
ges marquans appartenant à la cour et à la haute diplomatie de prendre, comme aux Champs-Élysées, l'allée du milieu, puis s'animant
avec insolence pour enjoindre les côtés latéraux aux *vilains* de la richesse, qui ont négligé de s'acheter un blason, et enfin pour retenir
la foule plébéienne des piétons dans de petites allées que l'autorité
daigne leur abandonner. Le pavé du roi est à tout le monde, disait
autrefois, sous la France *asservie*, le Parisien que l'on ne parquait pas
dans l'espace le plus rétréci. Ce proverbe a conservé force de loi sous
le *despotisme* des césars d'Autriche; leurs jardins, on pourrait dire
leurs palais, sont accessibles à tous les bons Allemands, qui d'eux-
mêmes, et sans le secours des honnêtes gendarmes, se classent suivant leurs habitudes privées; jamais il n'y eut moins de mélange de

conditions que dans les belles promenades du Prater, et cependant la plus grande liberté est accordée à cet égard à tous les habitans de Vienne. Aussi est-ce volontairement, et suivant le gré de tous, que telle partie du parc est sillonnée par d'élégantes voitures, que telle autre est occupée par de bons bourgeois, venant en famille vider un pot de bierre, à la face de toute l'aristocratie allemande, qu'ils aiment mieux respecter qu'envier, et que plus loin les artisans, réunis sous de verts quinconces, se livrent sans contrainte à une joie que ne trouble point le contact d'une nécessaire inégalité. Nous ne connaissons aucun trait parmi le peuple qui peigne mieux le caractère national que cette particularité remarquée par nous, que des cerfs par troupeaux viennent au Prater se mêler à la foule des promeneurs. Ils se sont eux-mêmes apprivoisés à la société des hommes, leur instinct a reconnu qu'ils n'avaient rien à redouter au milieu des Viennois, dont ils semblent partager l'amusement : on les caresse, on leur donne à manger, ils se sont approchés gravement et sans défiance, ils s'en retournent de la même façon; pas un enfant n'a songé à leur nuire, pas une personne ne leur a été malveillante. Vous figurez-vous une pauvre biche égarée de la forêt et venant tomber au milieu des Champs-Elysées à Paris, elle serait dépécée en moins d'une heure; ce serait à qui la voudrait manger en côtelettes. Il est pourtant un reproche à adresser aux habitués du Prater, ils fument comme des Français.

Nous ne pouvons oublier l'opéra de Vienne, il est excellent. Une troupe italienne jouait pour ses dernières représentations à notre arrivée dans la capitale de l'Autriche; en quatre jours, nous avons entendu quatre opéra seria différens. Il faudrait un séjour de quatre mois à Paris pour en pouvoir compter autant. Nos salles de spectacle sont cependant supérieures en beaucoup de points à celles de l'Allemagne, où le siècle des lumières n'a point assez pénétré. Un chétif lustre d'une douzaine de quinquets est suspendu très près de la voûte; il en est ainsi pour que les spectateurs des 3e et 4e loges ne soient pas incommodés par une clarté trop vive. Le public est pour beaucoup dans tous les usages, dans toutes les coutumes d'Allemagne; on ne néglige aucun moyen de lui prouver que l'on est occupé de lui, jamais on ne le rudoie à la porte des théâtres, on l'écrase à peine sous les pieds des chevaux ou des agens de police, mais la salle du grand opéra est longue, étroite et triste, elle est peinte en gris, sans être réchampie du moindre filet d'or, les loges sont obscures, on y reconnaîtrait difficilement la femme que l'on voudrait chercher; cette même salle est très favorable à la musique, et le théâtre éclairé avec profusion prouve que c'est à la scène que l'on a tout sacrifié. Pour toute personne sensée qui voyage hors de France, il est une foule de préjugés vaniteux que l'expérience vient dissiper: en veut-on un exemple choisi entre mille : on est persuadé dans Paris la grand'ville que le Fran-

çais est admirablement musicien ou amateur de musique; qui en dou-
terait ? il se distribue chaque hiver des billets de concert pour tous
les jours et pour toute heure, et dans une proportion hors de la règle
commune, et l'on se croit une nation de dilettanti parce que l'on écou-
te froidement quelques artistes d'un talent renommé, que l'on se montre presque quotidiennement à l'Opéra, séjour de la dignité qui s'en-
nuie, et que l'on honore les Bouffes de quelques bravos légèrement
murmurés; on a même été pour Rubini jusqu'à la couronne, et Mlle
Grisi a pu se vanter de sa pluie de bouquets. Nous étions à Vienne,
frontière de ces *peuples du Nord* qui sont de glace pour les arts, et
dont nul enthousiasme ne marque la carrière. On donnait *il Giuramen-
to, melodramma, in tre atti, musica del maestro Mercadante.*

Aucun de nous ne connaissait ce grand opéra, non plus qu'une *Gem-
ma di Vergi,* musique de Donzelli, et que nous avons pu admirer aussi
au grand théâtre de Vienne. L'art des Cicéri n'est pas très avancé à
Vienne ; ce que l'on y soigne avec le plus de succès nous a paru être
la mise en scène ; les costumes sont magnifiques, le moindre choriste
resplendit de plus de velours, de broderies et d'or que les chefs d'em-
ploi de l'Opéra de Paris. Le chant des chœurs est d'une inimitable pré-
cision ; nous avons fait aussi la remarque que les choristes jouent ce
qu'ils chantent, rareté extraordinaire pour nos habitués de balcon ou
de stalles des divers spectacles lyriques de notre capitale ; mais si l'on
croit que Rubini, Tamburini et Grisi sont les seuls talens de l'univers
chantant, on est dans une palpable erreur. Cartagenova, Pedrazzi, Ben-
ciolini offrent aux amateurs de Vienne un ensemble très satisfaisant.
La Brambilla possède un contralto qui reporte les souvenirs sur les
Pasta et les Malibran ; seulement elle se livre à quelques exagérations
que le goût n'avoue pas et qui réussiraient mal au théâtre Favart ; mais
sous le nom le moins harmonieux, on trouve à Vienne le génie musi-
cal et dramatique ; il s'agit de la signora Sofia Schoberlechner. Quoique
née en Allemagne, comme cantatrice et surtout en sa qualité de tra-
gédienne, elle égale les St-Huberti et les Clairon tout ensemble. Nous
le répétons, à Paris elle serait sans doute fort accueillie. Mais voici
une esquisse de son triomphe à Vienne : après chaque air, on l'applau-
dit avec des transports si unanimes, qu'elle est obligée, conformément
à l'usage, à de nombreuses révérences ; après chaque scène, les accla-
mations forcent la *signora Sofia* à revenir sur le théâtre ; après chacun des actes elle reparaît encore, mais la représentation finie, c'est
bien un autre apothéose ; les applaudissemens redoublent. C'est le si-
gnal pour relever la toile. Les acteurs aimés du public reparaissent
alors par la première coulisse, ensuite par la seconde, la troisième, la
quatrième ; ils ne s'arrêtent qu'à la rampe. La toile baisse cette fois
définitivement.

L'ovation n'est pas vaincue, et Mme Schoberlechner reparaît en-

core, et à diverses reprises, entre le rideau et l'humble trou du souf-
fleur. Nous avons su que l'admiration passionnée des spectateurs avait,
en cette circonstance, jeté une surprise inquiète parmi les hommes
d'état de l'Allemagne. On a dû tenir conseil pour s'occuper des causes
d'un si grand changement dans les mœurs du pays. L'opéra allemand
est bien loin de valoir l'opéra italien ; nous y avons vu représenter un
ballet qui s'appelle la *Conscription* ; il était aussi peu amusant que
son titre.

Il nous était recommandé de voir Schœnbrunn ; nous avons donc mis
de l'empressement à visiter cette résidence, à laquelle se rattachent de
graves et tristes souvenirs. A Schœnbrunn l'Europe a pu voir l'usurpation triomphante ; Bonaparte s'y est établi deux fois en vainqueur, il
a humilié toutes les vieilles royautés.

Pareil au cèdre, il portait dans les cieux
Son front audacieux.

Un seul coup de tonnerre a suffi plus tard pour le renverser ; il est
vrai qu'il partait de haut. On montre aux curieux la chambre que Bonaparte a occupée, le salon où il dictait d'impérieuses lois ; mais non
loin de cet appartement on ouvre celui où le jeune duc de Reichstadt
a dû souffrir pour mourir. Un enfant qui naquit *roi de Rome*, le fils
d'un ambitieux célèbre qui rêvait la monarchie universelle, le prince
à qui une triple couronne semblait assurée dès son berceau est venu
finir sa courte carrière dans le lieu même où son père avait jeté les
fondemens d'une dynastie qu'il regardait comme éternelle. Celui enfin qui semblait prédestiné à imposer son sceptre à la France et au
monde entier a été tout fier et trop heureux d'obtenir et de garder,
tant qu'il a vécu, le rang d'archiduc ! Et l'on dit, et l'on croit que Dieu
n'étonne plus les peuples par des miracles !

Tandis que l'on élève ailleurs des arcs de triomphe au lieu même où
l'on a été vaincu, lorsque l'on dresse des colonnes dans un champ de
ruines et de dévastation, qui ont profité, il est vrai, à quelques démo-
lisseurs, à Vienne, capitale de l'Autriche, on se plaît à perpétuer de
grands et religieux souvenirs ; ce n'est pas à la philosophie matéria-
liste que les empereurs d'Allemagne ont dédié leur reconnaissance ; il ne
se rencontre dans aucun des états du Nord de frises audacieuses où le
déïcide et le régicide soient publiquement honorés. Lors du choléra,
que l'histoire appellera un jour la peste de juillet, puisque la propagande de la révolution de 1830 a seule amené du Caucase en Pologne
les troupes russes, infestées du terrible fléau asiatique, on n'a point
eu la folie à Vienne, d'arracher les croix aux dômes des églises, et de
convertir en un temple païen tel édifice consacré par trois générations
de rois au patronage du ciel ; mais on a été prier aux pieds d'un chef-

d'œuvre de foi et de charité, dont s'enorgueillissent la religion et les arts. C'est un édifice d'une rare élégance que la Pyramide, espèce d'*ex-voto* que l'Autriche doit à l'empereur Léopold. La peste aussi avait ravagé Vienne; Dieu écouta les gémissemens du peuple : il se laissa toucher, et le fléau cessa. Ce fut aussi le père du peuple qui, en mémoire de la clémence divine, exprima la reconnaissance publique, en embellissant la ville d'un monument *à la Très-Sainte-Trinité.* Le bon empereur Léopold est représenté lui-même, revêtu des insignes de l'empire, et remerciant Dieu d'avoir une fois de plus sauvé l'Allemagne de la désolation et de la mort.

Lorsque l'on s'est arrêté quelque temps au pied de cette magnifique colonne, on sent plus vivement le désir d'entrer dans le palais des empereurs : nous y avons été admis avec une courtoisie que l'Allemagne ne refuse jamais aux étrangers. L'empereur Ferdinand habitait Schœnbrunn, et nous étions libres alors de parcourir le château de Vienne dans son entier. Une extrême simplicité a présidé aux ameublemens anciens et nouveaux, on nous a fait voir les appartemens d'honneur de Marie-Thérèse; le lit de parade ressemble à celui que l'on montrait jadis au Versailles de Louis XIV, de Louis XV et de XVI. D'assez belles tapisseries des Gobelins meublent un des salons d'apparat. Nous avons longtemps examiné un portrait de la grande Catherine de Russie, envoyé en présent par elle; la figure de Catherine est d'un charme tout français; un autre tableau représente le grand Frédéric, on le dit très ressemblant, cela est probable, il n'est pas beau, mais le front et les yeux trahissent le génie; il n'y a que ces deux peintures dans les appartemens de Marie-Thérèse. Lorsque l'on nous a montré ce qui, sous la grande impératrice, se nommait le salon de famille, notre cœur s'est serré d'un douloureux souvenir. Là, Marie-Thérèse a donné à son auguste fille Marie-Antoinette les derniers conseils et le dernier baiser de mère et de souveraine; elle croyait avoir placé sur le beau front de sa fille bien aimée une couronne de diamans entrelacés de lys qui la rendaient plus douce à porter; on sait trop de quel poids le crime a chargé cette couronne, et tout ce que le fardeau a entraîné. Une autre Marie-Thérèse, dont la vertu, sinon le bonheur, égale la majesté de son illustre aïeule est venue dans la même enceinte chercher un asile contre le meurtre et la spoliation : partout où les pas de cette princesse se sont arrêtés sur la terre étrangère, on pourrait placer cette inscription : « Ici, la fille des Rois est venue pleurer....»

Nous avons été introduits dans la partie du palais occupée par l'empereur et l'impératrice régnans; l'ameublement est moderne. Une tenture en satin blanc avec des fleurs et des arbustes que ne produit pas l'Europe, est un récent échantillon de l'industrie chinoise. L'effet nous en a paru plus rare qu'agréable à la vue. Lyon l'emporte sur Pékin pour le dessin et l'ornement de la soierie. Tout à côté de la chambre de l'impératrice, une tribune fermée touche à une chapelle; l'autel imite une cathédrale gothique. Le cabinet particulier de Ferdinand est la retraite du sage et du chrétien : un petit oratoire est érigé à un angle de l'appartement; l'image du seul pouvoir qui distribue les sceptres et qui fonde les trônes, le Sauveur du monde, domine le prie-Dieu de l'empereur; et que va penser l'esprit de doute et d'indifférence, quelle réprobation railleuse s'échappera des cœurs endurcis qui renient la foi ! Un cierge enluminé d'emblèmes coloriés, dévote coutume de nos provinces de la Vendée et du midi de la France, est destiné à brûler devant la croix , ainsi qu'il est d'usage chez le pauvre des cabanes lorsque l'orage menace le hameau. C'est contre l'orage révolutionnaire que le cierge royal doit toujours rester allumé.

Toute la magnificence impériale est rassemblée dans la galerie de fêtes, que nous a fait parcourir notre *cicerone* ; elle est immense de largeur et d'élévation ; elle paraît entièrement construite en marbre blanc. Des candélabres en argent montent du parquet au plafond; cent lustres de cristal brillent à la voûte; quatre mille bougies éclairent cette galerie resplendissante, qui répond à l'idée d'une féerie dont s'empare l'imagination.

Il nous restait à visiter les appartemens de l'impératrice douairière. Le mausolée d'Artémise a été vanté dans les mœurs antiques, comme un exemple touchant d'amour conjugal : la pierre du tombeau est froide sous la fable du paganisme, tout ingénieuse qu'elle soit. La religion chrétienne a seule le privilége de ranimer la mort, puisque la prière que cette religion recommande et ordonne peut changer en délices éternelles la souffrance expiatoire de ceux que nous avons aimés et qui ne sont plus. L'impératrice douairière semble avoir été pénétrée de cette consolante vérité dans les dispositions de son intérieur. Le souvenir de l'empereur François y est partout empreint. A cette même place où il a rendu naguère le dernier soupir, on a construit un autel, et chaque jour, à l'heure précise où il a quitté ce monde qu'il édifiait, une messe est célébrée pour le repos de son âme si belle et si chrétienne. On est sincèrement touché de cette fondation, hommage d'une auguste princesse, à la mémoire de l'empereur dont elle fut, après Dieu, le plus tendre et le dernier amour.

Dans le cabinet du bon empereur François, rien n'a été enlevé ni changé: la plume dont il se servait est restée comme sa main l'avait encore taillée; son fauteuil n'a pas été dérangé; les feuilles de papier qui devaient lui servir pour la signature de quelques actes de bienfaisance, de quelques remises de peine au coupable repentant, sont conservées avec soin; mais le blanc-seing des grâces aura été rempli par le successeur de François. Dans la famille des césars d'Allemagne la clémence et la bonté sont aussi héréditaires.

Nous avouons une prédilection respectueuse pour le bon François.

Ce monarque fut le Henri IV de l'Autriche... A lui nos affectueux rapprochemens. Quelques traits de sa vie justifient l'attrait et la préférence de nos cœurs.

La monarchie en Allemagne semble être une tradition des rois pasteurs, une réminiscence du gouvernement des patriarches. Il est un jour de chaque semaine où les empereurs accordent une audience à tous leurs sujets, sans aucune distinction ni exclusion. On cite un brave jeune homme d'Allemand qui vint trouver François dans une de ses audiences publiques. — Que me veux-tu, mon ami ? demanda l'empereur. — Sire, je ne suis qu'un pauvre domestique ; mais j'ai de bons certificats des maîtres que j'ai servis ; et pourtant je suis à Vienne depuis un mois sans pouvoir trouver une place. Je me suis dit : Vas trouver ton empereur, il doit connaître beaucoup de monde ; tu lui montreras les attestations que l'on a données sur ta bonne conduite. Il te placera. — Tu ne te seras pas trompé, mon ami, répliqua François. Voyons seulement tes papiers. Et le lendemain, le brave Allemand était valet de pied du château.

Les souverains accordés par Dieu même au bonheur de l'Autriche, ne sont pas, il est vrai, des rois *au choix*, mais certainement on les élirait si l'on était possédé de la manie d'élection et si l'on admettait pour eux la nécessité ou la convenance d'un surcroit d'assentiment. Il en resulte que l'on n'a jamais connu de rois plus populaires que les empereurs qui gouvernent le Nord, et nous compulserions toutes les archives constitutionnelles et représentatives, qu'il ne s'y rencontrerait pas un trait d'une popularité aussi attendrissante que celui que nous allons raconter, et dont François a illustré sa vie.

Nous avons honoré en France des plus unanimes suffrages l'un de nos peintres célèbres , à qui l'on devait un tableau d'une déchirante misantropie, c'était le *Convoi du Pauvre* ; il n'était suivi que par son chien. Le bon empereur François , passant un jour dans une des rues de Vienne, s'aperçut aussi que le cercueil d'un indigent gagnait délaissé, solitaire, la dernière demeure ; descendre de voiture et suivre à pied le *convoi du pauvre*, ce fut la résolution instantanée de l'empereur.

En écoutant ce touchant récit, en en constatant la sincérité, les larmes nous vinrent au cœur, et nous crûmes que l'on nous révélait un épisode ignoré de la vie de Charles X.

KIRSCHBERG.

Le véritable, le seul but de notre voyage, nous ne l'avons pas encore fait pressentir; il était naturel cependant, il allait à nos sentimens éprouvés, à nos ambitions connues, nous brûlions du désir d'aller au loin offrir et faire agréer le plus sincère, le plus respectueux hommage. Notre séjour à Munich avait eu lieu, notre présence à Vienne s'était prolongée par des raisons qui heureusement ne prouvaient pas contre notre juste impatience; le moment opportun est tout ce que nous avions attendu. Lorsque, prêts à sortir de l'hôtel de l'Impératrice d'Autriche, nous avions eu à répondre à notre interprète, nous adressant ce peu de mots: Où vont ces messieurs ? aux battemens de nos cœurs, à l'agitation de notre esprit, il aurait pu comprendre où nous prétendions en effet diriger notre marche. — A Kirschberg, nous sommes-nous écriés. Et notre calèche partit au grand trot, et nous promîmes de doubler les pour-boire des postillons, et nous ne voulions plus nous arrêter aux heures du déjeuner ou du dîner, et la route nous paraissait le cercle de l'éternité, tant nous étions désespérés de n'en pas trouver le terme ou l'issue. Ce sont les petits-fils de Louis-le-Grand que nous allons chercher dans leur palais magnifiques.. Honneurs, rang, dignité, fortune, leurs mains généreuses les dispensent; et si l'on assiége leur noble manoir, il ne faut pas le dissimuler, c'est sans doute dans l'intention de grossir le cercle des courtisans heureux, c'est pour rapporter de nombreux témoignages de munificence. Eh bien ! que les royalistes fassent comme nous : qu'ils partent, qu'ils franchissent de longues distances, et s'ils sont traités aussi admirablement que nous venons de l'être nous-mêmes, ils obtiendront le bienfait d'un sourire, la faveur d'un mot d'approbation, le trésor d'une larme de confiance et de sympathie, et Louis XIV, dans sa belle galerie de Versailles, Henri IV au Louvre, Henri II à Fontainebleau et François Ier à Chambord, n'ont jamais disposé de plus douces, de plus honorables, de plus glorieuses récompenses!

A six lieues de Kirschberg nous fîmes une halte; nous écrivîmes pour annoncer notre arrivée et pour solliciter la faveur d'être admis à déposer les expressions de notre fidélité aux pieds de toutes les majestés du malheur. Une réponse satisfaisante ne se fit point attendre. Nous allons les revoir ces excellens princes dont les pères ont protégé nos pères, dont les fils servent encore et à toujours d'exemple et de modèle à nos fils... Voici comment Kirschberg est devenu la résidence d'été des princes que nous allions chercher. Charles X avait quitté Prague; Goritz était le lieu qu'on lui avait choisi pour demeure. Le meilleur des bons rois voyageait avec une simplicité dictée par les circonstances. Des gîtes somptueux ne lui avaient point été préparés sur la route; il avait désiré que sa course fût à peu près ignorée; mais dans un petit village à trente lieues de Vienne, on fut obligé de coucher dans l'auberge du lieu. Le Roi était tombé malade, et une indisposition assez grave atteignait en même temps M. le duc de Bordeaux. Le pieux stoïcisme de Charles X fut un moment ébranlé. Il trouva enfin le calice trop amer, et il demanda au ciel de le détourner de ses lèvres. Le duc de Blacas accompagnait le Roi. Il aperçoit sur le front auguste de son maître bien-aimé les traces d'une profonde tristesse, il en devine la cause. Il sort, il cherche, il questionne, il apprend qu'un château tout meublé existe dans le voisinage. Le lendemain matin, les voitures étaient prêtes, et quand Charles X, de qui on prenait l'ordre, demanda lui-même: Où allons-nous? — Chez vous, Sire. Et l'on prit la route de Kirchberg, qui en effet se trouva à la disposition du Roi Charles.

Nous concevons qu'on envie M. le duc de Blacas; il est si peu de personnes parmi nous qui aient reçu de la providence les occasions qu'elle lui accorde de prouver l'activité d'un grand zèle et l'ardeur du plus pur dévouement!

C'est sur ce chemin de Kirschberg que nous nous trouvions à notre tour; la route est étroite, le site a de la sécheresse, de la monotonie; une avenue alignée par Lenôtre n'annonce pas la fastueuse habitation de descendans de saint Louis. Le bruit des équipages remplis de grandes dames et de nobles seigneurs ne retentit pas au loin; on s'étonne du calme qui règne dans la contrée, le son du cor ne se fait pas entendre; il n'y a plus de piqueurs pour crier *halali! halali!* Nos yeux interrogeaient la campagne, et rien ne répondait à notre impatience. Nous étions tentés de soutenir, tout en nous regardant comme des historiens véridiques, qu'il y avait plus loin de Vienne à Kirschberg que de Paris à Vienne; l'infini paraissait devant nous.

Au détour de l'une des sinuosités de la route nous croyons apercevoir la pointe d'un clocher se faisant jour à travers quelques arbres. Une étoile apparut jadis aux bergers pour les guider vers l'humble demeure que la naissance du Sauveur du monde allait à jamais illustrer. Une croix couronnant le faîte d'une église nous indiquait cette fois que nous approchions de l'asile où des princes de la terre édifient le monde par de royales vertus. Ce signe n'est jamais trompeur ; c'était notre étoile, à nous, elle nous avait bien conduits.

Sur une colline dont un ruisseau limpide dessine les contours, au milieu d'un parc anciennement planté, un pavillon s'élève sans faste, c'est là que se reposent les grandes adversités que nous venons admirer ; là nos amis (à Kirschberg il n'est pas de Français à qui l'on interdise la douce pensée de ce titre d'une si haute faveur) ; ainsi, nous le répétons avec orgueil, là nos amis passent quelques instans d'une vie sans reproches et sans alarmes... Nous nous précipitons hors de notre voiture, nous nous inclinons vers le sol qui les a recueillis, nous saluons l'air qu'ils respirent, nous cherchons à découvrir la trace de leurs pas, que partout leurs bienfaits décèlent. Aussi, dans la plus humble chaumière, la voix du pauvre nous apprend qu'ils étaient là il y a moins d'une heure. On nous indique une terrasse à vingt pas de nous. Un groupe s'est formé sur l'esplanade : ce sont eux, oui, tous ; le ciel a bien voulu les conserver ! Nous les avons comptés avec bonheur ; il en manque un cependant à l'appel de nos âmes ; alors, comme dans toutes les afflictions, nous regardons le ciel, on assure que dans les nuages l'homme voit ce qu'il veut ; eh bien ! la noble figure de Charles X nous paraît distinctement tracée par une vapeur légère que détache de l'azur un rayon du soleil couchant !... Retournons sur la terre, de célèbres vertus s'y retrouvent encore. Voilà bien Louis-Antoine et Marie-Thérèse, que l'on peut surnommer l'ange gardien du malheur. Quel est ce jeune homme dont les traits révèlent la bonté et font penser à la gloire ? serait-ce le rejeton précieux que l'Europe proclama l'enfant du miracle ? Il porte la tête haut comme l'innocence. Aucun des augustes hôtes de Kirschberg ne sent que le manteau royal et la couronne ne font plus partie de leur costume obligé, c'est comme Adam qui, pur de fautes et d'erreurs, n'avait point à rougir des vêtemens qui lui manquaient.

Une jeune personne s'appuie sur le balcon, c'est Mademoiselle, c'est la grâce dans tout son attrait.

Nous ne voulons pas perdre une minute pour nous rendre au château, où l'on est ainsi rassemblé, où nous allons être admis ; après les changemens indispensables à notre toilette de voyage, nous nous pressons d'arriver avant que l'on parte pour la promenade. Un modeste équipage sortait déjà de l'avenue ; nous découvrons, nous reconnaissons le prince qui a gagné des batailles, qui a mérité plus d'hommages que l'on ne pouvait lui en offrir, Louis, ayant à ses côtés Marie-Thérèse de France, dont un sourire bienveillant tempère pour nous l'imposante dignité. Notre émotion devient si vive que nous ne pouvons avancer ; un salut cordial prouve que nous aussi nous sommes reconnus, et nous nous prenons à pleurer comme des fils qui, après une longue séparation, revoient leur mère !

Dans la même soirée nous fûmes présentés... Si l'on se doutait en France des sensations douces et heureuses dont on s'enivre dans le château de Kirschberg, l'ancienne émigration recommencerait, mais si générale, si universelle qu'il ne resterait plus personne pour accuser les absens.

Louis-Antoine daigne s'informer avec un tendre intérêt de la France et des hommes qu'il a le plus particulièrement connus ; il se loue de la fidélité qu'on lui a gardée, il détourne la conversation si des actes de félonie viennent à être rappelés, sans cependant pousser l'indulgence jusqu'à ne pas flétrir d'une parole incisive la trahison lorsqu'elle a porté le trouble dans l'état. L'histoire sera juste envers ce prince, elle fera connaître un des plus beaux caractères de la monarchie, elle dévoilera de grandes actions, et de sages résolutions cachées encore sous les précautions mystérieuses de la politique. Mais, nous l'avouons d'avance, et que le burin de l'éloquence et de la vérité s'y prépare, lorsque les passions seront calmées, lorsque les préventions elles-mêmes s'éteindront et que tout aveuglement cessera, il y aura une grande et noble vie à écrire, à transmettre à la postérité, ce sera celle de Louis-Antoine, comme duc d'Angoulême, comme dauphin, comme héritier du Roi Charles X.

Marie-Thérèse est toute française, jamais princesse n'aima son pays avec plus de sincérité ; il n'a pu lasser sa tendresse ni sa bienfaisance. C'est ressembler au pélican, qui souffre avec héroïsme que ses enfans déchirent ses entrailles, et qui veut mourir en les nourrissant.

Rien n'est majestueux comme cette princesse au milieu de la simplicité d'étiquette du salon de Kirschberg. On n'y exige rien de personne, on n'est point averti des formes de respect plus ou moins prescrites, et l'on rend à l'auguste famille plus d'hommages, et l'on se plaît à l'entourer d'une plus grande vénération, et on obéirait avec un dévouement plus complet au moindre de ses ordres de Kirschberg, où il ne lui reste que le beau idéal de la puissance, qu'à l'époque où elle pouvait matériellement faire exécuter sa volonté.

Le duc de Saint-Simon attache encore, après un siècle et demi, ses lecteurs, en entrant dans les plus minutieux détails sur la cour de Louis XIV; et Dangeau, en prenant à chaque heure des notes précises sur ce qui advenait à Versailles dans l'intimité même du grand Roi, a jeté un intérêt qui n'est point effacé sur des volumes écrits de sa main et publiés sous le titre de *Mémoires*. Notre récit n'embrassera que la courte durée d'une semaine. Mais à Kirschberg les jours se suivent et *se ressemblent*, tous y sont marqués par une urbanité prévenante, par une dignité affectueuse, par d'excellentes paroles et de bonnes actions..... Une semaine, c'est l'esquisse fidèle de toute une année de sécurité, de paix et d'une égale résignation aux desseins de la providence. Une année, c'est l'image de toute une vie d'honneur et de ver-

tus ! et lorsque nous serons depuis long-temps oubliés, ces pages seront consultées, peut-être comme les véridiques annales de la royauté du malheur. Essayons-nous donc à en rester les Saint-Simon ou les
Dangeau.

La cour de Kirschberg était composée, lors de notre voyage en Allemagne, du duc et de la duchesse de Blacas, du prince et de la princesse
de Polignac. C'est à Munich que M. de Polignac se repose de ses dix à
douze ans de dure captivité ; Kirschberg est très-près de la Bavière : le
prince et la compagne assidue de ses adversités viennent quelquefois
passer vingt-quatre heures auprès des descendans de leur protecteur,
de leur ami, de leur maître qui n'est plus, de Charles X. La santé de M. le
duc de Blacas avait donné de l'inquiétude ; avant de revenir en France,
nous avons eu la satisfaction bien vive de savoir qu'une consultation de
médecins à Vienne rassurait sur l'état du noble duc, dont la carrière de
zèle et de dévoûment est si utile à ses princes. Le comte O'Gherty est
premier écuyer ; M. le duc et Mme la duchesse de Levis étaient venus
offrir des hommages : le duc de Blacas remplit auprès de Louis-Antoine
les fonctions de premier gentilhomme de la chambre. Mme la vi-
comtesse d'Agout, dont la fidélité rajeunit les années, est dame d'honneur de Marie-Thérèse, Mme la marquise de Nicolaï s'est consacrée
à MADEMOISELLE. M. le comte et Mme la comtesse de Montbel, donnent particuliculièrement leurs soins, l'un au duc de Bordeaux dont
il dirige en partie les hautes études morales , l'autre à la jeune princesse, dont elle charme les loisirs. C'est là ce que l'on peut regarder
comme la maison, en y ajoutant le bon évêque d'Hermopolis, dont le
cœur rempli de mansuétude fait pénétrer jusqu'à la précoce intel-
ligence de M. le duc de Bordeaux, les éloquentes vérités qui attirèrent
jadis la jeunesse française aux Conférences qui jetèrent un si vif éclat
sur la chaire de St-Sulpice.

M. le comte de Brissac est aussi dans ce moment auprès de M. le
duc de Bordeaux. Il s'est choisi la mission de faire aimer le prince,
en racontant avec âme, avec conviction, tout ce qu'il sait de bien et
d'excellent sur ses qualités, sur son savoir ; il s'en acquitte avec un
rare succès.

L'éducation du prince est donnée à parachever à M. Trebuquet,
ecclésiastique du plus grand et du plus modeste mérite; à M. Cau-
chy, qui, dans les sciences exactes, ne peut guère rencontrer que des
égaux. Deux fils du duc de Blacas et le fils de M. de Foresta partagent
les jeux, les promenades et les divers exercices du prince ; l'instruction
militaire a eu aussi des maîtres distingués eux-mêmes dans les armes,
d'autres sont attendus.

Le déjeuner est servi à Kirschberg de dix à onze heures, la famille
seule y prend part avec le peu de personnes qui logent au château.

A midi Louis-Antoine et Marie-Antoinette rentrent dans leur appartement, et il n'y a point de cour jusqu'au dîner; c'est le moment des visites, des conversations, des cercles particuliers. Le duc de Bordeaux travaille jusqu'à deux heures, puis il commence, tantôt à cheval, tantôt en voiture et souvent à pied, une promenade qui se prolonge jusqu'à l'instant où le dîner approche.

On dîne à six heures, Louis-Antoine fait inviter chaque jour les Français qu'il veut admettre à sa table, il en est de même pour les soirées. Lorsque Louis entre dans le salon, tout le monde se lève, il s'empresse de faire asseoir les dames, les hommes restent debout, jusqu'à ce qu'il leur ait réitéré l'ordre de prendre un siége. Le même cérémonial existe avec Marie-Thérèse : les deux battans de la porte ne s'ouvrent que pour l'instant du passage du salon à la salle à manger. Louis-Antoine se place au milieu de la table, à sa gauche Marie-Thérèse, et à sa droite MADEMOISELLE ; et à la gauche de Marie-Thérèse, M. le duc de Bordeaux.

Les mets sont apprêtés à la française, ils sont en nombre nécessaire, sans profusion, à plus forte raison, sans luxe; une vaisselle plate sans ciselure, couvre la nape, on ne boit que du vin d'ordinaire, il est de France, un verre de vin d'Espagne est servi au dessert.

France et Espagne sont rappelées ainsi en présence de Louis-Antoine, qui les aima et qui seul les sauva, l'une des suites d'invasions deux fois renouvelées, l'autre du commencement de l'anarchie, qui tend à la destruction des peuples et des rois.

Après le dîner, Louis-Antoine remonte chez lui, Marie-Thérèse commence à pied une courte promenade dans les parcs réservés, les invités au dîner sont libres d'accompagner la princesse. La soirée commence à sept heures, Marie-Thérèse fait asseoir, elle travaille à quelques ouvrages de tapisserie ou de broderie dont les pauvres connaissent tout le prix, la conversation s'engage; Marie-Thérèse la dirige avec une grande supériorité de tact, d'obligeance et d'aimable attention; elle dit à chacun tout ce qui peut plaire davantage : les heures volent... Louis-Antoine rentre à huit heures précises, la conversation générale est suspendue, le prince parle aux arrivés le plus récemment de France, et toujours il se montre bon, accueillant et parfaitement informé. Louis-Antoine s'asseoit et tout le monde reprend sa place. M. le duc de Bordeaux parcourt plusieurs fois le salon dans la soirée, il adresse à tous de nobles, quoique gracieusement familières paroles. On est habillé pour le dîner, Marie-Thérèse, quoique sans recherche, n'a point renoncé à un peu de parure, ses robes sont renouvelées souvent; mais ainsi que les chapeaux, les bonnets, les gants, les dentelles, les mousselines, tout est acheté et envoyé de France.... La France est partout à Kirschberg; Mademoiselle est mise aussi avec un goût exquis, elle travaille à l'aiguille à côté de son auguste tante.

Avant neuf heures, MADEMOISELLE, suivie de Mme de Nicolaï, se retire; elle baise la main de Marie-Thérèse, elle va faire une révérence pleine de charme à Louis-Antoine, qui court au devant d'elle pour l'embrasser. MADEMOISELLE renouvelle la révérence en repassant devant la table d'ouvrage, elle salue encore avant de sortir du salon; il est impossible de rien voir de plus gracieux, de plus délicieusement français que les révérences de MADEMOISELLE, et tout son maintien et son esprit cultivé: c'est la duchesse de Bourgogne charmant l'intimité des voyages de Marly, sous Louis XIV. A dix heures le cercle finit. Louis-Antoine et Marie-Thérèse donnent en se levant le signe de la retraite. Le duc de Bordeaux presse tendrement de ses lèvres la main de Marie-Thérèse, la princesse effleure des siennes le front du beau et jeune prince. Tous saluent et prodiguent à ce qui les entoure les derniers témoignages des bontés de la journée. On se sépare reconnaissant, ému et désirant que le soleil du lendemain se hâte de ramener les heures où l'on obtiendra de revoir de si bons princes : on en parle entre soi, la nuit on y rêve et le matin le réveil vous rend une douce réalité.

Quelquefois les soirées de Kirschberg sont animées par un peu de malice. M. le duc de Bordeaux ayant entendu Marie-Thérèse dire à l'un de nous qu'il faisait des vers et des couplets *très-royalistes* (la princesse appuyait obligeamment sur ces derniers mots); qu'elle se rappelait en avoir reçu de lui par Mme de Ste-Maure, et le nom de cette dame qui a suivi la royale famille jusqu'en Ecosse, ne se prononce jamais à Kirschberg, qu'avec une considération affectueuse. M. le duc de Bordeaux, en riant un peu du trouble qu'il allait causer, demanda donc vers et couplets pour la soirée la plus prochaine. Obéir est facile au cœur, l'esprit est plus rebelle; et puis, comment oser, nous qui tremblerions s'il nous fallait lire un opuscule devant l'Académie française, quelle frayeur de déplaire, en comparaissant ainsi en personne devant les augustes descendans, fondateurs de cette même Académie... nous qui sommes royalistes de cette manière, que nos sentimens datent de nos premiers jours, et que notre compagnon de voyage indiqué ici plus particulièrement a appris le dévouement et le respect, en même temps que la parole, son aïeul maternel ayant été son premier instituteur. Ce digne gentilhomme avait fait ses premières armes à la bataille de Fontenoy. Lorsque dans ses récits tout belliqueux, il prononçait au milieu des siens, le nom de Louis XV, il ne manquait jamais d'ajouter, en portant la main à son chapeau : Le Roi mon maître, et il se découvrait respectueusement, et toute sa famille se levait en témoignage de vénération. Il avait été blessé à la tête de son régiment. Issu d'une noble maison, une légitime fort succincte lui était échue en partage; mais la croix de St-Louis et une pension de 250 fr. avaient été accordées à ses services. Il se trouvait trop payé de son sang et de sa fortune, et exaltait la munificence royale... Il ne se croyait pas digne de la récompense. C'est ainsi que se transmettaient jadis l'amour et le désintéressement des sujets envers le monarque...Nous avons donc tout simplement hérité!

Les ordres de la veille ne furent pas oubliés le lendemain, M. le duc de Bordeaux les fît renouveler par Marie-Thérèse, Louis-Antoine permit, c'était commander...Nous ne publierons pas le petit monologue mêlé de prose, de vers et de couplets improvisés par le cœur de notre tout tremblant camarade; un extrait suffira pour faire connaître, non pas son talent poétique, il n'y a aucune prétention, mais son penchant pour la vérité.

Voici ce qu'il a lu, la voix entrecoupée d'une double émotion :

> On voit ailleurs des palais magnifiques ,
>> On voit de somptueux portiques
>> Hérissés du fer des soldats.
> On vient joncher de fleurs et parer de guirlandes
> Des salles de festins ployant sous les offrandes,
> Et qu'un luxe imposteur sait regretter tout bas;
> Mais à Kirschberg l'éclat naît de la modestie;
>> Il ne vient pas blesser les yeux,
> Il éclaire l'esprit, il enchante la vie,
> Il inspire un respect profond, affectueux,
> Et de sérénité l'âme paraît atteinte.
> Un calme pur et doux efface le souci,
> La main du Tout-Puissant grava sur cette enceinte :
>> Le remords n'entre point ici.

En prose, notre ami s'exprime de la sorte :
« Je n'ai rien à vous raconter de Munich, de Ratisbonne, de Vienne;
« une ancienne chanson répète : »

> Jusque dans la moindre chose
> On voit son amour empreint,
> Sur la feuille d'une rose, etc.

« Ainsi, sur le frontispice du palais des Césars, mes regards fascinés
« lisaient Kirchberg. Si je passais devant une colonne élevée à la gloi-
« re, je répétais Kirschberg, et si je rencontrais l'asile du pauvre sou-
« lagé, si je remarquais les traces de la bienfaisance qui cache les
« dons qu'elle a répandus, je m'écriais sans le savoir : Kirschberg, et
« je parlais alors la langue universelle; tout le monde m'entendait....»

Plus loin, il ajoutait :

« .... Un peintre de l'antiquité ayant à représenter la no-

« ble figure d'Agamemnon, et désespérant de l'art pour exprimer l'au-
« guste vérité de la nature, couvrit d'un voile les traits du Roi des
« Rois. J'ai le bonheur de me trouver en présence de Louis et de
« Marie-Thérèse, je dois suivre un ingénieux et utile exemple, et
« voiler à mon tour les grandeurs d'adversité que j'aurais à peindre...
« Il s'en échappera toujours ce qui suffit pour les reconnaître : le par-
« fum de la foi, du courage, de la clémence, de la générosité, de la
« vertu. »

Nous ne continuerons pas nos citations ; nous dirons cependant que jamais plus d'honneur n'est advenu aux plus hautes intelligences. *Que faisiez-vous alors*, heureux poètes qu'anime le génie? Pourquoi n'apportiez-vous pas le tribut de votre illustration? Pourquoi ne pas venir puiser aux sources les plus pures des plus belles, des plus grandes inspirations?... Vous faites tous défaut; ce n'est qu'en votre absence que l'on a gagné une cause que vous ne défendez pas ; aveugles que se montrent vos talens, vous savez bien qui vous faites roi en pareille circonstance....

Lorsque vos mains habiles ressaisiront la lyre détendue, lorsque l'harmonie de vos accens viendra reprendre l'essor qui ramène au vrai beau, lorsque enfin, comme Delille, vous chanterez vos meilleurs vers à de nobles infortunes, notre voix à son tour restera muette, après avoir rappelé ce conseil du poète:

> Monarques, cherchez des amis,
> Non sous les lauriers de la gloire,
> Mais sous les myrtes favoris
> Qu'offrent les filles de mémoire.

Le lundi de chaque semaine, M. le duc de Bordeaux consent à choisir quelques personnes pour entendre et juger son travail de huit jours. L'évêque d'Hermopolis préside cette réunion intime. Nous en avons fait partie. Les lettres et les arts sont appréciés et cultivés par le jeune prince, il y apporte de remarquables dispositions, et lorsque la tradition du vrai beau se perd chaque jour en France, il est consolant de savoir qu'à Kirschberg ou à Goritz le feu sacré du génie ne menace point de s'éteindre pour le descendant de nos anciens rois.

M. le duc de Bordeaux dit à merveille les vers de nos plus grands tragiques; on ne le souffle pas lorsque sa mémoire paraît incertaine, et c'est par le raisonnement de sa propre pensée qu'il trouve l'expression qu'il cherchait. Le jeune prince a répété, devant nous, les scène III, IV et V d'*Iphigénie en Aulide*.

Quel charme entraînant, quelles émotions profondes, que de fierté jetée aux âmes françaises, lorsque l'on entend les plus beaux vers du plus beau siècle, récités par un petit-fils de Louis XIV. Et le duc de Bordeaux rend ainsi, à l'ombre du grand Racine, l'hommage que Racine offrait lui-même au grand Roi.

Nous le demandons, d'ailleurs, qui serait assez glacé dans ses sensations pour ne pas être touché jusqu'à l'attendrissement, en écoutant le duc de Bordeaux s'écrier :

> Ah ! Seigneur, qu'éloigné du malheur qui m'opprime,
> Votre cœur aisément se montre magnanime;
> Mais que, si vous voyiez, ceint du bandeau mortel,
> Votre fils Télémaque approcher de l'autel,
> Nous vous verrions, troublé de cette affreuse image,
> Changer bientôt en pleurs ce superbe langage,
> Eprouver la douleur que j'éprouve aujourd'hui,
> Et courir vous jeter entre Calchas et lui.

Pour se pouvoir flatter, une fois en sa vie, d'avoir entendu et écouté de nobles accens devenus sublimes par la bouche dont ils émanent, il faut, comme nous, avoir été témoin de l'effet produit par M. le duc de Bordeaux, redisant avec Agamemnon :

> Encor si je pouvais, libre dans mon malheur ,
> Par des larmes du moins soulager ma douleur !
> Triste destin des rois ! Esclaves que nous sommes
> Et des rigueurs du sort et des discours des hommes;
> Nous nous voyons sans cesse assiégés de témoins,
> Et les plus malheureux osent pleurer le moins.

Les habitans du château de Kirschberg ne se contentent point de rappeler dans leurs plus simples actions qu'ils descendent de Louis XIV, ils tiennent surtout à montrer qu'ils sont aussi les petits-fils de Henri IV. Louis-Antoine et Marie-Thérèse sans aucune suite, sans même se laisser accompagner par un valet de pied, se donnent le bras et parcourent le village. Pendant que nous étions à Kirschberg, il y avait une réunion de la petite contrée ; un grand marché de bétail, et d'ustensiles de ménage, et d'étoffes grossières, mais utiles avait lieu ; le champ de la foire était rempli de bons campagnards, Louis et Marie-Thérèse sont arrivés au milieu d'eux, ils ont acheté toutes les pâtisseries du pays et les ont distribuées aux enfans, ils ont payé assez de terreries pour en fournir les plus pauvres des villages, ils ont ajouté l'argent nécessaire pour leur procurer un commencement d'aisance, ils ne sont partis qu'entourés de bénédictions et d'une popularité qu'ils ne doivent qu'à l'ineffable bonté de tous les instans de leur noble existence. M. le duc de Bordeaux est venu plus tard se mêler aux braves villageois, les enfans accouraient à sa rencontre, ils baisaient ses mains et le pan de son habit, ils approchaient de lui comme d'un jeune protecteur, il jouait lui-même avec leurs frais visages, il touchait légèrement leurs fronts rians; il paraissait heureux de leur confiance si naïve. Tel fut certainement Henri IV, lorsque, dès sa première jeunesse, il s'essayait dans le Béarn à la conquête de tous les cœurs.

Kirschberg n'est qu'un très modeste village, et pourtant il possède, outre la grande chapelle du château, une église vaste et richement ornée. Beaucoup de capitales en France ne se vanteraient pas avec raison d'autant d'édifices que n'en compte Kischberg. Sur une place publique, l'attention est attirée par trois colonnes dédiées, comme dans toute l'Allemagne, à Dieu et aux saints patrons du pays. Une fontaine jaillit de leur base; elle sert utilement à tout le village. Les dons de la Providence et la reconnaissance du peuple sont traduits de la même manière depuis Munich jusqu'aux confins de l'Autriche. Il nous a manqué à Kirschberg une vive satisfaction, celle de prier pour la France avec Marie-Thérèse de France. La piété de la royale famille est toute intérieure, et ne connaît pas le faste de la vertu. Les pratiques de la religion chrétienne n'ont, au château, aucune publicité. Le dimanche seulement nous eussions pu solliciter la faveur d'assister à l'office divin, en même temps que les descendans de saint Louis; nous n'avons pas eu à Kirschberg de dimanche. Le samedi soir, nous retournions à Vienne. Notre séjour était pour nous le bonheur, et le bonheur passe trop vite.

Nous n'allons pas raconter l'isolement du retour, nous avions l'âme navrée; jamais regrets n'ont été plus douloureusement ressentis, et nous devons taire aussi les témoignages de bienveillance, d'intérêt, dont nous avons été comblés Qu'est-ce que nous, dans un épisode où brillent tant de grandeurs, et de quelle puissance nos yeux ont été rendus témoins? Quels sont les maîtres des empires à qui il n'est besoin, pour surpasser les désirs de tous ceux qui les approchent, que d'une tresse de cheveux, et de quelques feuilles de roses. Tout un royaume ne vaut pas cet immense privilége.

Nous n'avons plus regardé Vienne; aucune pensée ne nous a retenus à Munich; c'est inutilement que Stuttgard et Carlsruhe se sont déroulées devant nous avec leurs palais et leurs jardins de plaisance. Nous avions quitté Kirschberg pour revenir à Paris.

Seulement, sur notre triste chemin, nous avons voulu nous arrêter au vieil Edine. Dans cette antique bourgade, une chapelle est élevée à la vierge, qui a choisi ce lieu pour s'y manifester par des miracles. De nombreux pélerins y viennent par la Prusse. On s'y rend aussi des quatre parties du monde pour chercher un remède, une consolation aux afflictions de l'âme, aux souffrances du corps. La sainte chapelle est au milieu d'une galerie ronde et couverte. Les murs de ce pourtour sont entièrement tapissés d'*Ex-voto*. Tout témoigne de la reconnaissance des fidèles pour la Vierge bienheureuse qui a sauvé leurs enfans ou leurs mères. La chapelle a deux compartimens : le second est une grotte où se trouvent placés l'autel et l'image de Marie, appelée au vieil Edine, *la Vierge aux Miracles*. Cet autel est d'argent; le tabernacle est doré. Un électeur de Bavière ayant obtenu, par l'intercession de la Vierge Marie, la guérison de maux cruels dont il était atteint, a donné à la chapelle sa statue en argent massif, et du même poids qu'il pesait lui-même. Il est représenté l'épée au côté, et agenouillé devant l'autel de Marie. L'image de la Vierge est chargée d'ornemens d'un très grand prix. Les perles fines, les diamans, la couvrent pour ainsi dire tout entière. Les hommes ne sont pas toujours et partout ingrats.

La prière est un souvenir. Au vieil Edine, nous nous sommes souvenus, et nous avons prié... des vœux ardens se sont échappés de nos âmes, et Dieu, en retour, a daigné nous envoyer l'espoir d'être exaucés. Mais, cet espoir et ces vœux, nous n'en trahirons pas le mystère; rien dans nos paroles ne le laissera deviner ou interpréter. C'est un secret qui reste entre le Ciel et nous. H. DE. J.

FIN.